中职精品课程建设研究

刘国锋　著

中国海洋大学出版社

·青岛·

图书在版编目（CIP）数据

中职精品课程建设研究 / 刘国锋著. —青岛：中
国海洋大学出版社，2017.8

　　ISBN 978-7-5670-1570-8

　　Ⅰ. ①中⋯ Ⅱ. ①刘⋯ Ⅲ. ①中等专业教育—课程设
置—研究 Ⅳ. ① G718.3

中国版本图书馆 CIP 数据核字（2017）第 228596 号

出版发行　　中国海洋大学出版社
社　　址　　青岛市香港东路 23 号　邮政编码　266071
出 版 人　　杨立敏
网　　址　　http://www.ouc-press.com
电子信箱　　1922305382@qq.com
订购电话　　0532-82032573（传真）
责任编辑　　孟显丽　刘宗寅　　电　话　0532-85901092
印　　制　　日照报业印刷有限公司
版　　次　　2017 年 9 月第 1 版
印　　次　　2017 年 9 月第 1 次印刷
成品尺寸　　170 mm × 230 mm
印　　张　　8
字　　数　　136 千
印　　数　　1—1 100 册
定　　价　　26.00 元

现代职业教育作为一种教育类型,承载着培养全面发展的高端技能型人才和应用型人才的重任,在推动社会经济发展和建设人力资源强国等方面发挥着不可替代的作用。而要实现现代职业教育的人才培养策略,提高人才培养质量,必须深化课程改革,拓展课程开发模式。尤其在现代职业教育体系日臻完善的今天,建立一个系统的、切实可行的课程建设体系,对提高人才培养质量、促进学校内涵发展有着举足轻重的意义。

自 2000 年以来,教育部颁布、实施了多个文件,要求职业学校积极探索课程改革,创新教材建设。在《中等职业教育改革创新行动计划(2010—2012)》(教职成〔2010〕13 号)中,教育部把"中等职业学校专业与课程体系改革创新计划"列为一项重点任务及主要内容。根据现代职业教育人才培养目标,平度职业教育中心积极制订、实施了课程改革的方案,在专业建设委员会的指导和支持下,以行动为导向,建立了基于"工作过程系统化"的课程体系。

学校以精品课程建设为切入点和突破口,重点扶持,倾力打造,借此探索构建了课程开发的基本路径,同时为其他课程建设树立了样本,发挥了示范引领作用。由于中等职业教育是以就业为导向、以培养技术技能型人才为己任的,所以大部分学校都重视专业课程,而忽视了公共基础课程的开发,加上公共基础课程学科特征明显,进行课程改革的难度较大,因此中等职业学校的公共基础课程发展相对滞缓。

针对这一现状,平度职业教育中心以山东省中等职业教育规划教材《语文》为依托,将其中的"口语交际"模块进行了整合和丰富,开发了"口语交际训练"精品课程。课程以维果斯基的"最近发展区"理论为指导,把提升学生职业能力和职业素养、培养学生的就业和创业素质、促进学生的可持续发展作为教学重点。教材中融入了口语发音知识、社交礼仪以及一些与课程内容相关的拓展知识，并将职业道德、人文素养教育贯穿其中，通过任务引领、情境模拟、角色扮演、案例分析等教学方法实现课程的整合和创新，让学生完成"敢说—能说—会说"的能力转变。2012年，该课程被评为青岛市精品课程，教材入选青岛市职业教育征订教材范围。

"口语交际训练"借鉴了专业课程改革的经验，实现了为专业课程服务的功能，大大提高了学生的口语交际能力，深受学生欢迎。课程在建设过程中集思广益、博采众长，形成了一些实用且行之有效的方法、经验，笔者对此进行了系统地记录、整理，以此为基础写成《中职精品课程建设研究》一书。

由于笔者学识有限，书中定有许多不妥之处，唯愿此书能为中等职业教育的公共基础课程建设贡献一点微薄之力，尽我职教人的一片赤心。

本书在编写过程中得到了有关专家、领导和同事们的关心与帮助，在此深表感谢。

目录
CONTENTS

精品课程建设研究概述

中等职业教育精品课程建设是教育部为进一步提高人才培养质量、推进素质教育和创新教育、实现资源共享的一项重要举措。精品课程是集科学性、先进性、教育性、有效性和示范性为一体的优秀课程,深刻体现了现代职业教育思想和教育教学的普遍规律,它通过运用现代教学技术、方法与手段提高教学效果,对职业教育的课程改革起着示范、引导作用。

在中等职业教育课程改革中,公共基础课程进展较慢,语文课程仍存在功能定位不准、教学理念落后、教学模式传统等问题,我们力图通过开发"口语交际训练"精品课程,积极推动语文课程改革,进而为公共基础课程改革做一些有意义的实践和探索。

一 精品课程建设概述

精品课程的开发建设是为了更加科学地聚集优质教学资源,提高课程教学质量,培养优质人才,满足国家和地方经济快速发展的需要。它能够展现出开发者的育人思想和教学理念,是一个学校教学成果的集中体现。

(一)精品课程建设的背景

2008年12月,教育部正式下发了《关于进一步深化中等职业教育教学改革的若干意见》(教职成〔2008〕8号),对中等职业教育教学改革提出了具体要求。教育教学改革是职业教育改革的核心,也是实现职业教育又好又快发展的关键环节。在教育部相关政策的推动下,各中职学校也都与时俱进,积极开展精品课程建设,切实推进教育创新,提高教学质量和育人水平。

1. 导向:国家、青岛市精品课程政策

(1)高职高专精品课程建设。

2001年教育部印发了《关于加强高等学校本科教学工作提高教学质量的若干意见》(教高〔2001〕4号),在此基础上,又于2003年启动了"高等学校教学质量与教学改革工程"(简称"质量工程")。2003年1月,作为"质量工程"的先期启动项目,高等教育(包括高职高专教育)精品课程建设工作在全国范围内展开,教育部计划利用5年时间(2003—2007),建设1 500门国家级精品课程,利用现代化的教育信息技术和手段,将国家精品课程的所有教学资源向全国高校师生免费开放,实现优质教学资源共享,提高高等学校教学质量和人才培养质量。2006年《教育部财政部关于实施国家示范性高等职业院校建设计划加快高等职业教育改革与发展的意见》(教高〔2006〕14号)颁布实施,文件明确规定了国家示范性高等职业院校建设计划的具体任务,提出了要"建成4 000门左右优质专业核心课程,1 500种特色教材和教学课件,每个专业带动区域和行业内3个以上相关专业主干课程水平的提高,教学质量显著提升"的课程建设计划,以配合当时高职领域内的教育教学改革。

如此背景之下,全国各级各类高校积极行动起来,把教学改革的重点聚焦于精品课程建设。截至2007年,共建成1 682门国家级精品课程,其中高职高专精品课程414门,完成了"质量工程"提出的"利用5年时间,建设1 500门国家级精品课程"的项目预期目标,一个包含国家、省市、学校三个层面,惠及全国高校的精品课程体系基本形成。

2007年《教育部财政部关于实施高等学校本科教学质量与教学改革工程的

意见》（教高〔2007〕11 号）再次提出：继续推进国家精品课程建设，遴选 3 000 门左右课程，进行重点改革和建设，力争在教学内容、教学方法和手段、教学梯队、教材建设、教学效果等方面有较大改善，全面带动我国高等学校的课程建设水平和教学质量。这其中包括 1 000 门高职国家精品课程。截至 2008 年，高职高专共建成 614 门国家级精品课程。这些精品课程以培养满足国家和地方发展需要的高素质技能型专门人才为目标，以提高学生职业能力为重点，建立了突出职业能力培养的课程标准，规范了课程教学的基本要求，提高了人才培养质量。

（2）青岛市中职精品课程建设。

教育部在高职院校开展精品课程建设的导向以及课程建设带来的显著成效，引起了中职学校的高度重视。青岛市教育局也在全国率先提出了进一步加强全市中等职业学校课程建设的实施意见，2010 年 4 月，颁发了《青岛市教育局关于开展中等职业学校精品课程建设指导意见的通知》，指出要全面贯彻《关于进一步深化青岛市中等职业教育教学改革的意见》，围绕办学模式改革和特色专业建设，扎实推进精品课程建设工作；计划于 2010～2014 年建设 100 门具有职业教育特色的精品课程，加强优质教学资源开发，构建教学资源库，努力实现国家课程校本化、地方和校本课程特色化，推动学校特色专业建设和内涵发展，提升教育质量和办学水平，增强职业教育服务经济和社会发展的能力。

2011 年 7 月，青岛市教育局开展了首批中等职业学校精品课程的评选工作；同年 12 月，又颁布实施了《青岛市教育局办公室关于开展第二批青岛市中等职业学校精品课程建设工作的通知》。在实施第二批精品课程建设的过程中，青岛市教体局提出了六项具体要求：一是要以精品课程建设为教学改革的抓手和突破口，努力在职教课堂上落实素质教育；二是要把精品课程建设与校园信息化建设结合起来，实现全市职教资源共享；三是要把国家课程校本化和校本课程特色化结合起来，努力打造精品专业和特色学校；四是要把精品课程建设与提高教师专业素养、加强教师队伍建设结合起来，推动职教师资专业化发展；五是要大力发挥精品课程的示范、引领作用，提高全市职教校本课程质量；六是要坚持对精品课程建设工作常抓不懈，完善动态跟踪管理机制。

第一、二批精品课程的建设实施取得了丰硕的成果和成熟的经验。2014 年 6 月，青岛市教育局又颁布了《关于开展第三批青岛市中等职业学校精品课程建设工作的通知》，并提出了新的要求：课程须在充分调研的基础上进行校企共建，并在学校教育教学中实践一年以上，应充分体现现代职业教育特色，围绕骨干专业着力构建立体化的课程体系，着力打造具有"理实一体""虚实结合""乐学易学"等信息化特色的课程内容、课程资源和教学方式;课程的基本资源和拓展资源系统完整、科学,格式与制作技术规范特色鲜明,具有良好的通用性和可扩展性,未侵犯他人的知识产权,原创性资源比例高等。与此同时,青岛市教育局还组织制定了《第三批青岛市中等职业学校精品课程评审标准》,力求通过建立科学的评价指标使第三批精品课程的建设更加规范、课程质量得到显著提升。

青岛市教育局的重视以及相关政策文件的实施,促使各个学校采取积极有效的措施,组织骨干力量投入该项目的建设。历经4年时间,青岛市中等职业学校共建成100多门精品课程,对推动整个青岛市的课程建设和课程改革起到了引领和辐射作用。

2. 助推:中等职业教育课程改革

(1)课程改革是教育教学改革的核心任务。

职业教育推动了整个社会人才体系的优化,在实现我国由人力资源大国向人力资源强国转变的过程中发挥着举足轻重的作用。因此,2005年国务院颁布了《关于大力发展职业教育的决定》(国发〔2005〕35号),以改善职业教育办学条件差,办学机制以及人才培养的规模、结构、质量不能适应经济社会发展的需要等问题。《决定》提出了坚持以就业为导向、深化职业教育教学改革的教育理念,要求"根据市场和社会需要,不断更新教学内容,改进教学方法","大力推进精品专业、精品课程和教材建设"。2008年教育部又颁布了《关于进一步深化中等职业教育教学改革的若干意见》(教职成〔2008〕8号),指出教育教学改革是职业教育改革的核心,是实现职业教育快速健康发展的关键环节和必然趋势,是提高职业教育质量的有效保障。

在中等职业教育教学改革中,课程改革是首当其冲的一个必改选项。课程改革是一个长期持续的过程,加拿大著名教育改革家迈克尔•富兰在《变革的力量》中曾对课程做了这样的描述:课程改革不是一张蓝图,而是一条不尽的旅途。时代的发展可谓日新月异,课程作为人才培养的载体,必须不断更新,不断注入新的信息和技能,才能适应社会的变迁。但是我国中等职业教育的课程更新普遍较慢,有些地方公共基础课程十多年甚至二十年都不变,专业技能课程的使用周期也常常达到了十几年。这与每五年就要进行一次课程改革的日本相比,差距非常明显。当今社会的科技化进程在不断加速,如果职业教育的课程仍停留在十年前,那我们培养的人才又怎能与时代接轨,怎能满足多元化社会的需要?

中职学校的课程基本是按学科体系编排的,并按照由浅入深、由易到难、由表及里的顺序安排课程内容。尽管这一体系遵循了学生学习过程中的认知规律,考虑了他们的文化素质水平,但根据结构庞大而逻辑严密的学科顺序编排课程内容,对学生来说,学到的知识体系虽然是完整的,但对所要从事的职业行为来说,却是不完整的。这就导致很多职校生毕业到工作岗位后,虽有一定的理论知识,但职业行为能力却较差,企业不得不重新进行上岗培训,使职业教育的效果大打折扣。所以,中等职业学校必须深化课程改革,形成以就业为导向的课程体系,推动教学从学科本位向能力本位转变,以培养学生的职业能力为导向,调整课程结构,合理确定各类课程的学时比例,规范教学。

另外,建设精品课程还可以有效推动教师转变教育教学观念,形成以发展学生能力为主的育人观,这既是职业教育课程改革的一个发展方向,也是落实教学改革的一个重要内容。

(2)公共基础课程改革。

中等职业学校公共基础课程包括德育课、文化课(含语文、数学、英语和计算机应用基础课)、体育与健康课、艺术课及其他选修公共课程,它的开发和建设是按照培养学生基本科学文化素养、服务学生专业学习和终身发展的功能来定位的。中等职业学校公共基础课是专业现代化建设的重要组成部分,对提升中等职业学校内涵建设具有重要的推动意义。每一个在职业教育领域从事教学研究的教育工作者,都应该进一步增强推进公共基础课程改革的责任感和使命感,身体力行,大力推动公共基础课课程体系整体优化,培养学生的全面素质,满足学生就业创业、终身学习和可持续发展的需要,构建普职融通的现代化人才立交桥。

公共基础课程的重要性毋庸置疑,但在实际教学过程中,它并没有得到学校、教师和学生的认可,在专业课程"一家独大"的局面下,有相当一部分学生甚至认为它可有可无,其地位、作用非常尴尬。这些误区固然是由于公共基础课程所采用的分科式教学形式所致,更与基础课教师普遍怠于创新,固于沿袭传统的教学模式、教学方法等原因有关。在教育理念上,公共基础课程仍然坚守传统的"一言堂""满堂灌"的教学形式,忽视学生的不同认知起点,漠视学生的差异与发展;在教学内容上,仍然过分强调学科课程特征,内容繁难且不实用,忽视学生实践能力和人文素养的培养,职业教育特色体现不够明显;在教学方法上,知识单向灌输,过分依赖教师的传授功能,不注重学习策略导引,没有给学生创设自主学习的空间、合作探究的时间和展示自我的舞台。种种弊端让学生产生了学习倦怠感,影响了他们的能力发展,所以公共基础课程改革势在必行。

　　3. 契机:德国教育教学理念的启发

　　(1)德国课堂教学模式的触动。

　　德国的双元制职业教育模式在世界上是非常有影响力的,而平度职业教育中心自 1990 年就开始了与德国汉斯•赛德尔基金会的合作,德国专家多次到学校举办各种专业培训,专业教师对德国的双元制职业教育理念有比较深切的理解。但是公共基础课程教师参与培训的机会相对较少,对德国教育模式的认识并不深刻。笔者一直非常期待能够近距离地观摩德国的课堂教学模式,了解德国老师是怎样授课、怎样带领学生完成教学任务的。

　　2012 年 7 月,笔者有幸参加了汉斯•赛德尔基金会组织的幼师师资培训,这是第一次与德国专家面对面的交流、学习,第一次比较深刻地接触德国的教学模式。这次培训的主题是"环保与自然"。Hollerbach 女士给学员布置了两个作业:一是到居住的小区或马路边观察附近鸟虫的种类以及它们生活的环境;二是采集不同树木的树叶,每种树采集两片做成卡片,然后大家一起玩一个找树叶的游戏。学员们带着老师布置的任务,走进大自然,采集绿叶,收集花蕊,观察鸟虫,忙得不亦乐乎。所有学员都非常认可、喜欢这样的学习方式,因为采集树叶的过程,就是大家接触大自然、观察大自然的良好时机;找树叶的游戏,又加深了学员对树木种类的了解,一举两得。第二天,当大家把这个教学内容带到幼儿园教给孩子们时,孩子们都高兴极了,参与活动非常积极,直到下课还意犹未尽。

　　对这次学习笔者感悟颇多。首先,在这样的课堂上学习每个人都是快乐的,所参与的每个环节都是那么有趣,老师布置的每个任务都可以轻松完成,这样的课堂也一定是学生所喜欢的。其次,在观察自然的过程中,大家了解了自己生活的环境,学会了反思环保问题。孩子是祖国的未来,老师应该在他们心中播下环保的种子,而在这样的课堂上,他们还需要老师刻意去教吗?

　　学生需要这样的课堂,需要 Hollerbach 女士这样的教学理念和授课方式。尤其是在中职学生普遍厌学的情形下,作为一名教育工作者,更有责任去为学生改变传统的教学方式,营造更浓烈的学习氛围,构建更宽阔的学习空间。

　　(2)德国行动教学法的指引。

　　德国职业教育秉承的一个重要教学理念就是行动导向,其特征就是让学生在课堂上行动起来,在行动中锻炼、掌握各种能力。行动导向教学在提高学习效率、发挥学生潜能方面发挥着积极作用,对我国职业教育的改革和发展有较大的借鉴意义。2013 年 9 月,中国海洋大学承办了"德国职业教育教学法"的培训,德国专家分别讲解了项目教学法、任务教学法、案例教学法、角色扮演法、引导文教学法、考察教学法共六种教学方法。在亲身体验了行动导向教学法的魅力后，笔者被这些教学方法带给课堂的活力深深震撼。

在项目教学法中，从信息收集、方案设计、项目实施到最终评价都是由学生自己负责，自己处理，这样就促使他们必须把握整个任务过程及每一个环节的基本要求，实现了从被动接受到主动学习的转变，培养了分析和解决实际问题的能力。

行动导向教学方法强调构建一种开放的学习环境，强调给学生搭建一个自主发挥的空间，它彻底改变了教师在教学中的主体地位，教师在课堂中的角色变成了教学组织者，控制整个教学活动的进行。在课堂教学中，教师的作用体现在组织上，其工作主要是准备教学的过程，包括教学资料的准备、教学内容的选取、教学方法的选取、教学过程的设计、评价体系的制定等。教师在课堂上尽量少做而让学生多做，让学生充分发挥主观能动性，师生通过默契的配合高质量地完成每一个教学任务。

反观我们的课堂教学，事无巨细都是老师亲力亲为，老师负责为学生准备好所有的一切，学生只负责听、记、背。整堂课师生之间的互动非常少，学生非常被动地接受教师的传授，几乎没有发挥自我的空间。

通过对行动导向教学法的学习，笔者意识到，学生的能力不是教师"教"出来的，而是通过反复不断的训练形成的。学生有多大的能力，取决于教师给了学生多大的空间。

基于对以上课程建设背景的分析，笔者认为中职学校必须借鉴高职高专精品课程建设的先进经验，学习德国行动导向教学理念，推动中职精品课程建设，在培养学生能力方面做一些积极、有益的探索。

除此之外，平度职业教育中心给予精品课程建设团队以大力支持，除在师资选拔、环境创设方面提供便利和优先照顾之外，还设立了精品课程建设专项经费，主要用于课程基本建设开支，如购置图书资料，开发多媒体教学课件，编写教学大纲、教材和教学参考资料，建设题库，开展实践教学活动，建设网站以及参加国内有关课程建设的研讨会议和有关精品课程建设的检查评估活动等。凡经审定立项的精品课程皆给予一定的建设经费，纳入学校年度预算，实行专款专用。学校的支持为课程顺利开发创造了有利条件。

在外部和内部双重因素的推动下，笔者充分利用现有资源，选拔了十位非常优秀的教师组成精品课程建设团队，在专家建设指导委员会的指导下，对学生的职业能力进行了宏观分析，决定建设一门以培养学生的关键能力为核心的精品课程。

（二）精品课程建设的意义和作用

当前中职教育竞争日益激烈,中职学校面临社会认同度不高、招生和就业困难、生源整体素质相对较低、学生学习积极性不高等困难,承受着较大的发展压力。中职学校要解决这些问题并谋求优势地位,唯有紧紧围绕人才培养目标,以学生为本,强力打造精品课程,以实现"质量立校、科研兴校、特色强校"的发展理念。只有这样,才能有效地提高教育教学质量,推动学校内涵发展。

1. 精品课程建设助推职业教育的改革和发展

众所周知,教学内容体系改革是职业院校教学改革的重点和难点,必须在突出应用性、实践性的基础上,重组课程结构,更新教学内容,实现人文社会科学与技术教育相结合,教学内容改革与教学方法、手段改革相结合。教学内容要真正体现基础理论知识的应用和实践能力的培养,基础理论教学要体现以应用为目的及以必需、够用为度,专业课教学要体现针对性和实用性等特点,这些都是精品课程建设的精髓所在,且都离不开精品课程建设中所包含的教师队伍、教学内容、教学方法、教材、实训基地等这些内在的构成因素。中等职业教育的改革和发展也只有通过这些内因的"助推"力量才能得以实施和实现。

精品课程建设能推动课程建设机制、教学质量监测与质量保证体系的完善,是对课程实行宏观管理、可持续性地推进课程整体建设、提高教学水平的重要手段,是推进管理观念更新、实现教学创新的关键措施。精品课程重视改革教学手段,主张充分利用现代教育技术手段开展教学活动,提倡教师进行多媒体课件教学,使教学内容直观具体、形象生动,易于学生接受,从而提高教学效果。

中职学校建成一批辐射性强、影响力大的精品课程,可以营造一种重视教学质量、重视人才培养的良好氛围;大范围推进全校课程建设可以推动规范有效的课程建设机制的形成,可以完善教学质量监测与质量保证体系,这比精品课程建设本身更为重要。以评促建,以评促改,评建结合,创建精品课程,树立教学品牌,将成为中职学校教学工作的重要亮点。通过精品课程的辐射和带动作用,全面推进课程建设,提高办学质量,将极大地提升中等职业学校发展的竞争力,扩大中职学校发展的空间,推动职业教育更快更好地发展。

2. 精品课程建设为中职教育培养出高质量的特色人才

我国的中职教育是从中等专业学校的学历教育转变过来的,延续了中专教育重理论轻实践的教学传统。很多中职学生反映中专三年学不到真正实用的知识,就业之后由于找不到适合自己的岗位而变得非常茫然,甚至对职业教育失去了信心。这是我国中职教育现状的真实反映,也是中职人才培养模式迫切改革的根本原因。

精品课程建设是实现中等职业学校人才培养目标的保证,其最终成果体现在学生的培养质量、学生的就业率和学生为社会创造的价值上。精品课程之所以具有科学性、先进性与创新性的生命力,是因为它的教学内容与培养目标能相互呼应,能根据岗位需求选择、组合知识,确定基本教学内容,明确教学应达到的目标和结果。同时,它要求教师不要过多引导学生去探究"为什么",而是要使学生懂得"是什么""怎么做",对学生要求的重点放在让他们能够学会以正确的方式进行操作,兼顾掌握相关的理论,解决具体实践问题。按知识、能力、素质三位一体的培养目标培养社会需要的高素质技能型人才,决定了中职学校必将以创新教学方法作为深化教学改革的重要内容,因材施教,采用启发式、讨论式教学,"少教多学",突出学生的主体作用,鼓励学生独立思考,把培养学生的科学精神和创新精神贯穿于精品课程建设的始终,从而有效地将教、学、做、评结合起来,实现精品课程建设为中职学校培养特色人才做"嫁衣"的目标和要求。

中等职业学校应广泛吸收先进的教学经验,创新课程体系,高标准地打造符合中职人才培养目标要求并适应新的人才培养模式的精品课程。精品课程应广泛汇集优秀教学资源,积极整合优秀教改成果,使用先进的教学方法和手段,体现新时期政治、经济、科技发展对人才培养提出的新要求,切实提高人才培养的质量。

3.精品课程建设为中职教育打造出高水准的师资队伍

中职学校师资队伍建设严重滞后于中职教育的发展,这是由多方面原因造成的。一是中职教育招生不景气,导致中职战线很多优秀教师流失。二是教育主管部门对中职教育重视不够,对中职学校师资队伍培养不够、要求不高、业务指导没跟上。三是由于中职生质量下降,中职教师工作积极性普遍不高,认为这样的学生没前途,体现不出教师的价值,缺乏成就感,没有静下心来认真研究中职教育的动力。

一流的精品课程必须有一流的教学理念做支撑。教师既是课程的执行者,也是课程的研究者、开发者,如果其教学理念不能跟随社会的发展与时俱进,就不能保障课程的先进性和示范性,精品课程也就失去了其作为"精品"的意义。所以,参与精品课程建设的教师不能墨守成规,必须实现教学理念上的质变,即由重知识传授向重学生发展转变,由重教师的"教"向重学生的"学"转变,由重结果向重过程转变,由统一规格教育向差异性教育转变,同时还要增强行动反思的意识,提高教研能力和教学能力。

另外,精品课程建设要求推广使用先进的现代化教学手段和灵活多样的教学方法,以此来提高教学质量,创建教学名牌。这样可以促进一大批教师努力提高自身素质和学历层次,造就一支具有科研能力强、教学水平高、老中青相结合、能够保持长期稳定的名师团队。

4. 精品课程建设以质量为抓手推动专业建设的深度与广度

精品课程建设能够有效地促进专业人才培养模式改革、课程开发、教材建设、教学队伍建设和实践教学条件建设,推动课程教学改革,引导教师进行教育教学方法创新,从而促进教学质量的提高。而在专业建设中,学校主要从规范教学管理、教师队伍建设、人才培养模式、课程体系改革、教学内容体系改革、学风建设、教材编写、研究性教学模式探究、现代教育技术运用等方面入手全面推进专业教学与人才培养质量的提高。精品课程建设和专业教学改革都是"以提高人才培养质量为出发点,以提高教学质量为关键点",在很多层面上是一致的,精品课程建设助推了专业教学改革。

精品课程的建设推动着专业教学改革的深度与广度。它不但整合了课程内容,优化了整个课程体系,而且根据岗位需要来设置课程内容,使课程在学校人才培养中的核心地位凸显了出来。对于教师来说,精品课程建设对于教师队伍的建设和目标体系的促成有着重要作用,能够最大限度地提升教师的敬业精神和合作能力,激发教师的教学热情和教学信心;对于学校的管理者来讲,精品课程建设可以为其更新管理理念、创新教学管理思维提供参考。

精品课程建设不仅能够促进专业课程教学进行更深层次的改革和发展,也推动了相关课程整体建设水平的提高,提升了专业教育教学质量;同时,也为相同类别的职业院校的精品课程建设提供了有效的参考模式。

5. 精品课程建设通过改善教学条件提高学生实践能力

实践教学是中职教育教学体系中的重要组成部分,是培养学生专业技术应用能力和解决问题能力的重要途径。实践教学条件是实践教学最基本的物质保障,在精品课程建设中所起作用非常重要。

一流的精品课程必须具备一流的教学内容和一流的教学方法,这就对教学内容和教学方法的实施条件提出了更高的要求。中职学校培养的人才若想满足社会的需要,必须掌握新工艺、新技术、新材料、新设备,所以精品课程建设从内容上必须要体现"四新"特点,课程的实施条件必须能够满足学生学习的需要,必须具备一定的水准,否则有些课程内容便无法落实。精品课程的建设一方面推动了校内各种实习设备和实训环境的完善,要求生产实训中心、实习基地能够根据课程内容和项目任务安排教学实习,实训条件能够实现"教学、生产、培训、职业技能鉴定和技术服务一体化";要求实训环境能够与企业工作环境相吻合,使学生在"仿真"的环境里感受企业的工作氛围,熟悉企业的工作流程,提高岗位适应能力。另一方面精品课程的建设要求加强与企业的对接,把课堂开进企业、开进生产车间,借助企业力量提高了实训条件和学生的实践能力。

6. 精品课程建设通过创建网络平台实现优势教育资源共享

精品课程建设的内容包括课程标准、教案库、课件库、题库、实验指导书、资料库等课程基本资源。为了实现优质教学资源的校内共享,充分发挥精品课程的辐射功能与带动作用,学校创建了网络教学平台,建立了专门的精品课程网站与教学资源库,突出了精品课程的开放性与示范性,将各类教学文件、教学资料、文献目录以及教学录像等网上开放,满足广大师生学习与应用的需求。网络共享平台作为精品课程建设一个重要内容,它的显著特征是减少了课程刚性,增加了柔性,使学习资料立体化。学生能够根据社会需要和个人兴趣选择学习内容、学习方式和学习时间,从而较好地促进教学形式的多样化、教学过程的优化和教学质量的提高。

精品课程建设是一项艰巨而复杂的工程,在建设过程中要求课程团队必须高瞻远瞩,群策群力,既要凸显中职教育的特色促进学校内涵发展,又要发挥课程资源优势推动学校教学质量和人才培养质量的提升。

(三)精品课程建设的依据和标准

为了加强青岛市中等职业学校课程建设,不断提升教育质量和办学水平,增强职业教育服务经济和社会发展的能力,青岛市教育局决定在全市中等职业学校开展精品课程建设工作。根据《教育部关于进一步深化中等职业教育教学改革的若干意见》和《山东省教育厅关于深化职业教育教学改革提高毕业生就业质量的若干意见》等文件精神,2010年4月,青岛市教育局下发了《青岛市教育局关于开展中等职业学校精品课程建设指导意见的通知》(青教通字〔2010〕34号),对精品课程建设的目标、意义、方法、内容等提出了详细要求。

根据文件精神,平度职业教育中心全面展开了精品课程建设工作,设立了专项资金用于精品课程建设,并从宏观上对课程建设提出了要求。

(1)要体现出现代教育思想和课程设计理念,符合科学性、先进性和教育教学的普遍规律,具有鲜明职业教育特色;能恰当运用现代教学技术、方法和手段,教学效果显著并具有辐射推广作用,对学生就业与生涯发展有重要价值。

(2)要整体优化课程结构,及时更新教学内容,充分体现经济结构调整和产业升级对人才培养的新要求;要整合优秀教改成果,形成具有职教特色的教学方法;要改革传统教学手段,加强教学信息化建设,推动优质教学资源共享;要加强实践性教学和实验(实训)条件建设,提高学生综合职业能力。

(3)既要借鉴高职高专类精品课程建设的现有成果,又要对中职精品课程建设进行准确定位,避免与高职高专类的精品课程重复。由于专业的相似性,中职课程与高职高专类课程有很多共同之处,如有些课程名称相同但内容和要求却有很大差异,中职精品课程建设应体现中职教育的特点和方向,避免出现简单的"拿来主义"。

根据学校部署,笔者组织骨干力量成立了精品课程建设团队,开始了精品课程建设的实践与探索。当时,中职精品课程建设还处于刚刚起步阶段,青岛市的课程建设工作走在了全国前列,并没有成功的经验和成果可供借鉴。团队老师主要参照了高职高专精品课程建设的思路和方案,摸着石头过河,边建设边总结。在上级主管部门和学校的宏观指导下,经过一年的努力,"口语交际训练"课程基本建成,但需要进一步打磨。

2012年,青岛市教育局颁布了《2012年青岛市中等职业学校精品课程评审标准》(表1-1),对建设内容、建设指标、评审标准等都做了详细的规定。依据这一标准,团队老师对所建课程进行了修改、完善,最终"口语交际训练"被评选为青岛市精品课程。

图1-1　《口语交际训练》教材

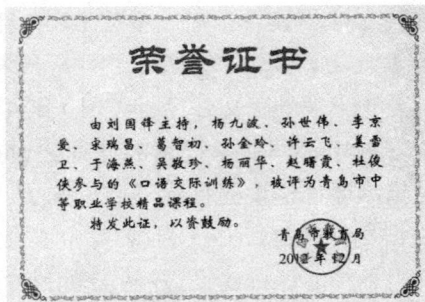

图1-2　"口语交际训练"精品课程获奖证书

表 1-1　2012 年青岛市中等职业学校精品课程评审标准

一级指标	二级指标	主要观测点	评审标准	分值	评价等级				
					A	B	C	D	E
					1.0	0.8	0.6	0.4	0.2
一课程设计理念（10分）	1-1 课程定位	培养目标与作用	该课程符合中等职业教育人才培养目标和专业培养目标要求；本课程对学生的就业、创业能力和可持续发展作用突出；本课程与其他课程互补、衔接得当	4					
	1-2 课程设计	理念与思路	以提升学生综合素质为重点；与行业（企业）合作进行课程建设；基于社会生活、职业场景进行课程开发与设计；充分体现课程的综合性和职业性等特点	6					
二教学内容（40分）	2-1 内容选取	针对性与实用性	根据经济和社会发展所需的基础知识和基本技能，按照"四新"要求，结合学校专业设置和学生实际，选取教学内容。内容科学性、针对性、实用性强	10					
	2-2 内容组织	组织与安排	遵循学生认知的基本规律，紧密结合学科（专业）特点，科学序化教学内容，突出教、学、做有机结合，理论与实践一体化	5					
	2-3 表现形式	教材与资源	选用国家规划、省编、地方等先进、适用教材，与行业（企业）合作编写的特色教材。大纲、计划、教案、课件、案例、习题、实训实习项目、学习指南、音频视频资料、课堂教学录像、文献资料等资源丰富，并与课程相配套。课件、教学录像制作规范	25					
三教学方法与手段（15分）	3-1 教学方法	教学方法的选用	根据课程内容、生产生活和学生特点，灵活选用案例教学、任务驱动、项目导向、角色扮演、启发引导、理论与实践一体化等行动导向教学方法和教学模式，引导学生积极思考，乐于实践，提高教学效果	10					
	3-2 教学手段	信息技术的应用	运用现代教育技术手段，整合教学资源，建立仿真教学环境，优化教学过程，提高教学质量和效率，取得实效	5					

续表

一级指标	二级指标	主要观测点	评审标准	分值	评价等级				
					A	B	C	D	E
					1.0	0.8	0.6	0.4	0.2
四课程环境（10分）	4-1校内教学条件	设施设备配置与利用	该课程教学所需要的设施设备配置合理、充足，环境优化。设施、设备、实训场所、多媒体教室、模拟实训室等利用率高	6					
	4-2校外教学环境	校外资源建设与利用	能够积极整合校外教育教学资源，积极发挥校外教育教学资源的作用。结合本课程积极开展社会服务，有效实施该课程教学	4					
五课程评价（10分）	5-1教学评价	评价体系与质量	建立与该课程相配套的科学的教学质量评价体系方案。该方案详细、可操作性强。学生及其学科教师对本课程的开设满意度高	5					
	5-2社会评价	职业素养	学生参与该课程的学习，职业资格证书通过率或竞赛活动获奖率高。学生就业创业能力和可持续发展能力强，对口就业率高。实习单位、用人单位对本课程设置及学生素养评价高	5					
六教师队伍（15分）	6-1队伍结构	结构比例与水平	参与该课程建设的教师"双师型"比例、职称比例合理；行业（企业）专家积极参与本课程建设，水平高	5					
	6-2教学团队	教学素质	参与该课程教学的教师师德高尚、治学严谨；实践经验丰富，执教能力强，教学效果好；积极参与或承担教科研项目，成果比较突出	10					
七课程特色政策支持（20分）	7-1课程特色	课程特色	课程定位准确；校企共同建设；课程的职业性突出，课程资源丰富，课程的实用性、共享性高；具有一定的创新性	10					
	7-2政策支持	政策支持	学校精品课程建设的政策、措施得力，课程领导力强。课程共享措施有力，本课程后续建设计划可行	10					

    2013 年,青岛市教育局总结了往年评审中的经验和不足,对评审标准进行了修订,颁布了《2013 年第三批青岛市中等职业学校精品课程评审标准》(表 1-2)。与 2012 年的评审标准相比较,2013 年的标准更精细更严谨,对评审内容、指标都做了一些调整。例如,2012 年的"教学内容"包括"内容选取""内容组织""表现形式"三部分,2013 年的评审标准中,把"教学内容"改成了"教材内容",只包括"内容选取""内容组织"两部分,而把"表现形式"单列出来,将其中的"教学资源与教学平台"独立出来,与"教学内容"并列。这些变化,客观上反映了青岛市教育局或评审专家对"教学资源与教学平台"的重视。

    "评审标准"是一个风向标,它指引着精品课程建设的方向,使团队在开发课程时有章可循、有据可依,所建设的课程接近"精品"或达到"精品"水准。

表 1-2　2013 年第三批青岛市中等职业学校精品课程评审标准

一级指标	二级指标	主要观测点	评审标准	分值	评价等级			
					A 1.0	B 0.8	C 0.6	D 0.4
一课程设计（15分）	1-1 课程定位	课程培养目标	该课程调研及分析充分;课程目标和任务定位准确;与学校特色专业或相关课程目标和任务关联度高;对学生的综合素养支撑或促进作用强	5				
	1-2 课程理念	课程建设方法	以提升学生综合素质、职业能力为重点;基于社会生活、工作过程、职业情境、特色人才培养模式及先进的课程价值观进行课程设计;与行业(企业)、高校深度合作,共同进行课程建设	10				
二课程内容（20分）	2-1 内容选取	科学性与实用性	遵循职业活动和学生认知的基本规律,结合生产、生活实际及学科(专业)根本任务,合理增删、整合、拓展教育教学内容,教学内容科学性、针对性、应用性强	10				
	2-2 内容组织	组织结构与呈现方式	科学序化教育教学内容,"教学做"或"理实一体化"程度高;灵活创设教学内容的呈现方式,促学促教效果明显	10				

续表

一级指标	二级指标	主要观测点	评审标准	分值	评价等级			
					A 1.0	B 0.8	C 0.6	D 0.4
三 课程资源与教学平台（30分）	3 表现形式	基本资源	与该课程配套的教材、教学标准、课程介绍、教学计划、教案、课件、学习指导、教学录像、微课等核心教学资源系统、完整、科学，格式与技术规范，未侵犯他人知识产权，原创性资源比例高	10				
		拓展资源	与该课程配套的典型案例库、素材资源库、演示／虚拟／仿真实验、实训（实习）系统、试题库系统、作业系统、在线自测／考试系统，课程教学、学习和交流工具及综合应用多媒体技术建设的网络课程等拓展性资源，技术规范，特色鲜明，具有良好的通用性和可扩展性；未侵犯他人知识产权，原创性资源比例高	10				
		教学平台	课程教学平台在线教学与管理等功能强；平台架构合理；平台内课程资源库分类明晰，无访问限制，便于师生浏览、下载、链接和使用；平台助教促教助学促学功能强，运行流畅，使用率高	10				
四 教学方法与教学手段（15分）	4-1 教学方法	教学方法的选用	选择并提炼出与本课程特色相匹配的教学方法，教学方法结构合理，可操作性强，教学效果好	10				
	4-2 教学手段	信息技术的应用	充分利用信息技术，根据课程特点选择恰当的表现形式和开发工具呈现教学内容；虚拟（仿真）技术等现代化教学手段与直观教学及实践教学结合度高	5				
五 课程环境（10分）	5-1 校内教学环境	校内资源	该课程教育教学所需要主要设施、设备配备数量充足、配置合理、与本课程匹配程度高、利用率高	5				
	5-2 校外教学环境	校外资源	校外教育教学资源建设类型合理、功能明确、利用率高	5				

续表

一级指标	二级指标	主要观测点	评审标准	分值	评价等级			
					A 1.0	B 0.8	C 0.6	D 0.4
六课程评价（10分）	6-1 教学评价	评价方案与教学质量	该课程教学评价方案科学、可操作性强;学生对本课程的开设满意度高;学生综合职业素养高	5				
	6-2 社会评价	校外专家评价	行业、企业等专家对本课程建设及实施效果综合评价高	5				
七课程团队（10分）	7-1 队伍结构	团队结构	该课程团队"老中青结合"、专业(学科)对口;参与本课程建设的行业(企业)、高校专家水平高,参与度高	5				
	7-2 教学团队	教研成果	该课程团队师德高尚,经验丰富,教学效果好;参与或承担公共基础课程改革、评价制度改革和教改实验项目等教科研工作成果突出	5				
八政策支持（10分）	8 政策支持	规划与措施	校级精品课程建设规划科学,教师参与面广,实施效果好;后续课程建设规划措施具体、有力、可操作性强	10				

（四）精品课程建设的内容和要求

精品课程建设是学校教学质量和教学改革工程的重要内容。平度职业教育中心在建设过程中紧紧围绕其内涵即一流的教师队伍、一流的教学内容、一流的教学方法、一流的教材和一流的教学管理五个"一流"做文章,主要着眼于六个具体层面进行建设:一个架构清晰、科学严谨的教学大纲,一套中德合璧的教学方法,一套实用性和创新性并重的教材,一套现代化的教学手段,一套以凸显关键能力为特征的考核方法,一支结构合理、业务精湛的教学团队。

1. 一个架构清晰、科学严谨的课程教学大纲

课程教学大纲是实施教育思想和教学计划的基本保证,是进行多媒体教学、教材建设和教学质量评估的重要依据,也是指导学生学习、制定考核说明和评价

标准的指导性文件。基于它的重要性,学校要求各团队在制定精品课程教学大纲的时候,严格把握以下三个要点。

一是任何一门课程教学大纲的确定都必须遵循国家对该专业人才培养目标的要求,依据国家相关课程大纲的指导意见,结合课程内容的具体要求,并在实践中不断修改完善。

二是由于中职课程呈科学体系,同一专业的各门课程所涉及的知识范围往往相互交叉。为了保证课程内容的完整性并尽量避免重复,在编制教学大纲时要从教学计划的全局出发,充分考虑课程在专业教学计划中的地位、作用、课程性质以及课程在整个学科体系中的作用;做好课程内容的选取与组织,处理好先修课与后续课的衔接与配合。

三是课程大纲对本课程的基本内容提出明确要求,阐明与有关课程间的关系,作为本门课程教学的指导性文件,它不仅是讲授大纲,还应是学生自学的纲要。教学大纲除对平时作业、实验、实习、社会调查和平时成绩等有具体规定和要求外,还有对学习的建议,学生了解这些内容,对制订个人学习计划会有所帮助。

2. 一套中德合璧的教学方法

教学方法是完成教学任务、实现教学目标和提高教学质量的关键所在。在教学目标、任务、内容确定以后,教师能否恰当地选用教学方法,就成为其能否完成任务、实现预期目标的决定性因素。

平度职业教育中心实施双元制办学模式已有近30年的历史,在教学中借鉴学习德国教学模式,取得了很好的成效。近几年,学校先后与德国帕索市第一职业学校、米尔多夫职业学校以及巴伐利亚州的罗腾堡国立职业学校签订了联合办学协议,3所学校的专家、校长多次到学校进行教学法的讲授,学校也先后选派20多名教师到德国进行了系统的教学法培训。

在引进德国教学法之后,平度职业教育中心将其本土化,经过不断实践、打磨,总结出了一套以行动为导向中德合璧的教学方法,如"符号图案法""滚雪球法""接力演示法""思维导图法""轴承法""闪电法""轮岗法""金鱼缸法""交流站法"等(图1-3)。

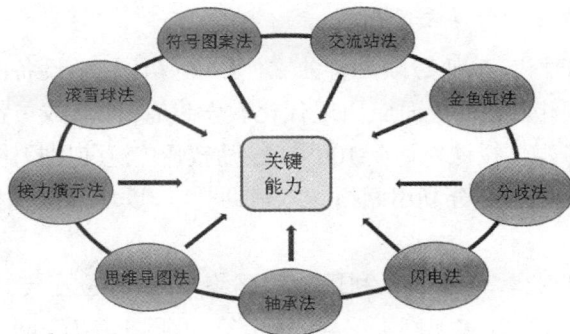

图 1-3 以行动为导向的九种常见教学法

实施这些教学法的主体是多元化的，既可以是教师和学生，也可以是企业的师傅；培养的目标是立体化的，以培养学生的关键能力为核心，有效地提高学生的专业能力、沟通能力、团队协作能力。在这种"多元立体化"教学方法中，教师主要起到讲清思路、突出重点、引导开拓的作用，学生是课堂的主体，他们独立探求和掌握新知识，始终处于自觉、积极的学习状态中。

建设精品课程，必须借鉴并使用这些教学方法，要让学生动起来，让课堂活起来，让学生在一种愉悦的氛围中去掌握、理解并灵活运用所学知识。

3. 一套实用性和创新性并重的教材

教材是课程教学基本建设的系统化、具体化，是学生获取知识的重要来源，是顺利完成教学工作的基本条件。学校对精品课程教材的内容建设提出了以下指导性意见。

（1）自编、选优并重。精品课程教材的开发方向主要有两种：一是"自行编写"的教材，由课程团队根据学科特点和实际需要共同编写；二是选择使用国家级、省部级优秀教材，并做适当的增删。

（2）体现针对性、实用性特点。任何教材所能容纳的教学内容有它适应的教学对象，教材内容必须能够体现专业特点、人才培养特征与层次，有其特定的针对性。同时，教材内容的难易程度、章节安排要充分考虑学生的实际掌握能力，以实用为主。

（3）做好教材的动态建设。教材是一种教学研究成果，具有相对稳定性，在一定周期内静态特征比较明显。但是教材建设需要经历一个发展过程，在这个过程中生源水平、教学条件、社会需要都可能发生一定变化，所以必须对内容及时做出调整，不仅要重视成果，也要重视建设过程。

4. 一套现代化的教学手段

信息化教学时代,教师必须具备独立使用多媒体教学设备的能力。学校要求精品课程教师团队必须全面应用现代化教学设备,团队成员都要积极制作多媒体教学课件,多媒体授课率达到100%。鼓励教师广泛使用投影仪、电影、电视、录像等电化教学手段,充分利用网络技术辅助教学,以增强直观教学和提高教学效果。

另外,平度职业教育中心还利用校园网络平台,建立了专门的精品课程网站,启动网络教学模式,实现网上答疑、网上答题、网上图库、网上理论课讲授课件下载、网络教材网上图库浏览等。

5. 一套以凸显关键能力为特征的考核方法

在实施双元制教学过程中,平度职业教育中心改变了传统的由学校命题、学校考试的办法,也不照搬德国的由行业协会考试的方法,而是建立起统一的考核组织和质量评价制度,成立双元制考试考核委员会,对学生进行全面考核评估。考试的具体方法基本采用了中式与德式相结合的模式:对专业理论进行笔试,对专业技能进行实际操作考核。技能考核除了专业教师外,还必须有企业行业专家参与,主要考查学生的实际操作能力。

在精品课程的教学质量评估方面,学校确立了以职业资格为导向,以关键能力为核心,采取教考分离的办法,实现考评考核的公平化和社会化。

6. 一支结构合理、业务精湛的教学团队

教师团队是构成精品课程的关键因素,它直接影响着精品课程建设任务的质量。平度职业教育中心要求各精品课程建设团队必须由政治素质好、业务水平高、教学经验丰富、年龄梯次和职称结构均合理的优秀教师队伍组成。教师采用个人报名和学校选拔相结合的方式组成。教学队伍中既有校内专任教师,又有来自行业企业的兼职教师,专任教师中"双师"素质和有企业经历的教师比例、专业教师中来自行业企业的兼职教师比例均要符合课程性质和教学实施的要求,行业企业兼职教师必须承担适当比例的教学任务。

没有一支优秀的稳固的教学团队,就不可能将历年来积累起来的行之有效的教学经验和教学成果巩固和发展下去,因此,学校把其作为课程建设的"重中之重",同时也作为衡量、评估课程建设成果的重要尺度。

二 行动导向课程建设

中等职业教育的任务主要是培养生产、管理和服务第一线的技能型人才。精品课程作为人才培养的载体,必须以就业为导向,以能力为本位,以岗位需要为依据,以促进学生的可持续发展为愿景。而要实现这些育人目标,就需要学校与企业行业合作开发行动导向课程体系,使学生在行动中掌握一定的专业能力、方法能力和社会能力。

(一)行动导向课程理念

德国的双元制职业教育被称之为二战后经济腾飞的秘密武器,德国之所以能成为世界上职业教育最发达的国家之一,归根到底就是得益于其具有合理的职业教育制度、科学的教育理念、务实有效的教学方法。他们在教学过程中注重培养学生的关键能力,把能力的培养作为教学的核心,贯穿于每一节课、每一个教学环节。

德国的课堂教学是以行动为导向的,包括咨询、计划、决策、实施、检查、评估六个步骤,是一个"完整的行动模式",其课程也是依据这一模式进行构建的。通过让学生自主研究实施各种任务活动,调动他们的多个感觉器官参与整个行动过程,可以有效地激发其学习兴趣,培养其关键能力。

一些研究教育的心理学专家曾对如何提高学生的学习效率做过实验,结果发现,人们接受、处理信息的能力与他在学习过程中采用哪种感觉器官密切相关。一个人记忆、接受外部信息的通道不止一个,有视觉、听觉、嗅觉、味觉、触觉等,多种感觉器官参与了记忆的过程(表2-1)。所以在课堂教学中,愈是调动的器官多,愈能记忆深刻,多感官参与教学,学习效率会事半功倍。在我国传统的课堂教学中,教师普遍疏于心理学研究,不太注重运用这些规律,单一地采用讲述、讲解的方法,调动学生的感觉器官较少,常常只是在听觉或视觉之间转换,学生需要付出加倍的努力才能收到比较理想的学习效果。

表 2-1 感觉器官参与记忆的效果

感觉器官	学习效果
听 觉	20%
视 觉	30%
听觉＋视觉	50%
听觉＋视觉＋说	70%

续表

感觉器官	学习效果
听觉＋视觉＋说＋做	90%

德国的行动导向课程理念基本克服了这个弊端,它要求学生在学习过程中不只单纯地用脑去记,而是要脑、心、手共同参与,采用"听觉＋视觉＋说＋做"的模式来提高学生的行为能力。

中等职业学校的课程设置根据专业分门别类,杂而不精且过于偏重理论教学,学生学习兴趣不高,借鉴德国的行动导向课程理念,调动学生多种感觉器官参与学习,可以有效解决这一问题。目前,平度职业教育中心在专业技能课程中行动导向运用比较娴熟,能够根据岗位实际需要和国家职业标准,以工学结合为切入点,以岗位工作任务为载体落实人才培养模式改革,效果非常明显。但是公共基础课程的改革不很给力,依然沿袭了传统的理论式教学模式,所以在公共基础课程中引进行动导向模式,以学习者为中心,对其职业岗位知识、能力、素质结构进行准确定位,基于"工作情境"设置课程内容,形成"行动引导、任务驱动"型课程模块,可以实现对传统课程建设理念的突破和创新,激发学生学习公共基础课程的热情。

(二)精品课程的基本特征

职业学校在公共基础课程结构上,呈现的多是以知识传授为主要特征的学科体系,而不是以行动导向为特征的课程体系,对职业能力和职业素养的培养起不到主要支撑或明显促进作用。在内容选取上,由于与行业企业的合作仍停留在表面,不了解企业对学生能力需求的深度和广度,不能以真实工作任务为依据来统领、整合和序化教学内容,明显存在理论与实践脱节及教、学、做分离的情况。为改变这一状况,平度职业教育中心召开了由企业行业、高校专家等参与的精品课程建设研讨会,明确了精品课程建设的基本特征。

1.课程建设强调示范性

精品课程建设的宗旨是培养满足国家和地方发展需要的高素质人才,它具有先进性、互动性、整体性、开放性和示范性等特点,其中示范性是其最显著的特点。

精品课程本身就是教育部实施的"质量工程"的一部分,其建设目的是作为示范性课程供各校学习,作为优质教学资源与社会分享。它有"五个一流"的建设目标,要求每一个建设团队都要树立全新的课程观,采取科学的建设方法,从教学队伍建设、教学内容和课程体系改革、教学方法和手段改革、教材建设、评价机制改革等方面抓好课程建设。其中的任何一个"一流"都能起到示范引领作用,都是值得学习借鉴的。

平度职业教育中心在评审精品课程时,将"示范性"作为一个重要指标,与教学内容等一起放在综合评审指标中,增强了精品课程的示范性功能。学校要求课程建设团队必须对评审指标高度重视,找准所建设课程"示范性"的突破点,在申报时课程主持人必须对所建设课程的"示范性"详细阐述,经过评委专家们的论证通过之后才能开展工作。

2. 根据岗位需求整合课程内容,以实用为主

信息化时代,产业结构和技术结构变化迅速,职业和岗位的内涵和外延也会随之出现调整和变化,如岗位技术含量提升、生产工艺改进、服务面拓宽等。这些新变化、新要求如不能及时纳入教学和教材中,就会导致学生所学知识不能直接应用于实际工作,学校培养的人才不能满足岗位需求,造成人才培养与社会需要之间的脱节。

所以平度职业教育中心在开发精品课程内容时,以"实用、适用"为原则,要求各专业根据企业和行业专家的建议,遵循职业岗位知识、能力、态度的特点,对课程内容进行重构和序化,将固有的学科体系打破,将原来的课程重新整合成新的课程,并在课程教学中不断更新学习内容,补充新知识、新技术、新技能,以实现学生综合素质的快速提升,提高课程内容的实用性和专业服务能力,突出工学结合、能力本位的课程特色。

例如,畜牧兽医专业针对本地区农村养殖户的需要,增加了禽畜卫生防疫、疾病防制部分内容,既拓宽了学生就业、创业的渠道,又发挥了职业教育为区域经济发展、为三农服务的能力;农产品保鲜与加工专业针对当前出现的食品安全问题,增加了食品分析与检验的内容,提高了学生的食品安全意识;机电技术应用专业从岗位需求出发,通过设置"工作情境"来构建"行动引导、任务驱动"型专业课程模块,提高了学生的岗位适应能力;服装设计与工艺专业创建了"二轮驱动"的课程建设模式,将文化课程专业化、专业课程职业化,并把国赛、省赛内容融入教材改革中,使学生能够及时接受新技术、新方法,提高了就业竞争力。

3. 根据职业能力分析确定工作任务

工作任务与职业能力分析是把本专业所对应职业或职业群所涉及的职业活动分解成若干相对独立的任务领域,再对任务领域进行分析,获得每个工作项目的具体工作任务,并对完成任务应掌握的职业能力做出较为详细的描述,目的在

于掌握其具体的工作内容以及完成该任务需要的职业能力,分析的对象是工作而不是员工。工作任务与职业能力分析的结果直接影响课程后续开发工作。此项工作包括模块式课程结构分析、专业核心课程模块和专门化方向课程模块的设置、专业课程标准的开发以及实训室的划分和功能的确定等。

职业能力分析直接影响着课程建设的方向,意义重大。但是对于很多教师而言,职业能力分析的概念还比较模糊,甚至不知道该从哪个角度入手,不知道分析的路径何在。为此,平度职业教育中心特别邀请了国家教育部中央教科所邓泽民教授和十多名机电技术企业行业的专家,以机电技术应用专业为样板,召开了"职业能力分析和课程体系分析现场会"(图2-1)。

图2-1 职业能力和课程体系分析现场会

掌握了职业能力分析的方法和路径,各专业迅速根据典型的工作任务、职业岗位能力、岗位职业活动对相关职业能力的要求,综合归纳出学生的能力结构、知识结构、素质结构,并确定核心技能模块和课程模块。在专业建设指导委员会的指导下,校企双方根据学生未来职业能力的发展需要,共同制定人才培养规格和用工标准,共同开发建设精品课程和校本课程,制订、修订学校的教学计划和企业的培训计划。

4. 突出关键能力,拓宽就业渠道

职业教育就是就业教育,这种特殊性决定了中职学校在教学中应注重对学生的综合素质、职业意识和适应职业变化的能力的培养。德国职业教育的成功就在于他们不仅传授给受教育者劳动知识和技能,更重要的是培养了受教育者的关键能力。这里所指的关键能力已不仅是知识能力或者是专业技能的狭隘含义,而是涵盖了决定自我行动的个性能力、符合专业要求的行动(理论＋实践)的专业能力、与人协作和进行项目动作(包括项目洽谈、报价、合同拟定、合同签署、生产组织、售后服务)的社会能力,以及如何解决问题的方法能力、迅速接纳新知识的学习能力几个方面,几乎包含了"人"这个个体应该具备的全部能力。

行动导向课程体系建设的核心理念便是注重关键能力的培养,其过程可概括为"关键能力—行动导向—学习领域",三者一脉相承,行动导向承前启后。因此在课程建设中,要体现以就业为导向,以职业所需能力为主线,设计课程模块,增加课程弹性,对职业化课程进行优化和补充,其最终目的要指向培养富有能力的劳动者、问题解决者和终身学习者。

(三)课程架构模式

平度职业教育中心根据专业特点和课程特点,确定了"总提分承式"的课程架构模式。"总提分承"是一种写作方法。总提,指人对于事物整体的基本认识;分承,指人对于事物的具体印象。在课程建设中,学校借用了这个词并进行了演绎:"总提"是指对课程建设进行整体规划,从宏观上制定课程建设的思路、框架等,从形式上体现了课程建设的"共性";"分承"则是指因专业而异、因课程而异,从内容上体现课程建设的"个性"。"总提分承式"的课程架构模式,使学校的宏观控制和各课程的微观建设相得益彰,保证了课程建设"统而不死,散而不乱"。

平度职业教育中心在进行精品课程建设的过程中,基本遵循了这一架构模式,突出强调了行动导向的课程建设理念,理顺了决策和执行的关系,并且完善了课程开发的基本路径。按照这一思路开发建设的精品课程,比较规范科学。

1.明确组织架构,理顺决策和执行关系

学校要进行课程开发,既有决策问题,又有执行问题,必须明确和理顺两者关系,才能保障课程建设顺利进行。学校由分管业务校长牵头,成立课程建设决策小组,中层领导、专业带头人、教学能手、企业专家按照2:3:3:3的人员结构比例组成团队,从宏观上制订学校的课程建设方案,筹划课程建设思路和课程开发路径。决策团队从知识结构搭配上看非常合理,以一线教师为主,企业深度参与,有效地保障了课程建设的实用性、科学性。

对于学校的有关决策,由教导处负责具体执行,教科室协助落实。教导处要对各学科提交的精品课程建设方案逐步审核、仔细考证,并就其中存在的问题提出建设性意见;然后由各个专业根据意见进行修改、完善。教科室对精品课程建设理念和课程定位进行论证指导。教导处和教科室两个部门加强协作,既要提高精品课程建设的质量,又要凸显学科特色,使精品课程建设能够不折不扣地按照顶层设计顺利开展。

2. 统一设计,形成课程开发路径

为了使全校的课程建设有一个统一规范的结构,学校以"双元和融 行知合一"人才培养模式为支撑,在由校企精英组成的专业建设指导委员会指导下形成了课程开发的基本路径:

调研分析—职业能力分析—专业课程设置—建立课程体系—制定专业标准—制定课程标准—制定人才培养方案

以畜牧兽医专业为例,学校根据职业岗位的能力要求,进行课程体系和教学内容改革。首先进行市场调研,确定畜牧兽医专业学生的就业岗位群,对岗位群的基本能力、技术能力与通用能力进行分析,确定行动领域与学习领域;开发相关课程,同时将企业文化融入课程内容中,构建行动导向的课程体系。根据企业具体岗位需求,将操作规程、质量标准、技能培训内容融入课程,加强核心课程和精品课程建设,开发建设了"动物微生物""畜禽解剖生理"两门市级精品课程,完成了《家畜养殖实训》《畜禽解剖生理》校本教材的编写,制作了《家畜养殖实训》《畜禽解剖生理》教学课件。

图 2-2 所示路径为学校的课程开发设计了统一的框架,也为精品课程建设提供了重要依据,保障了课程建设的"共性",有利于促进课程建设的交互交融和可持续性发展。

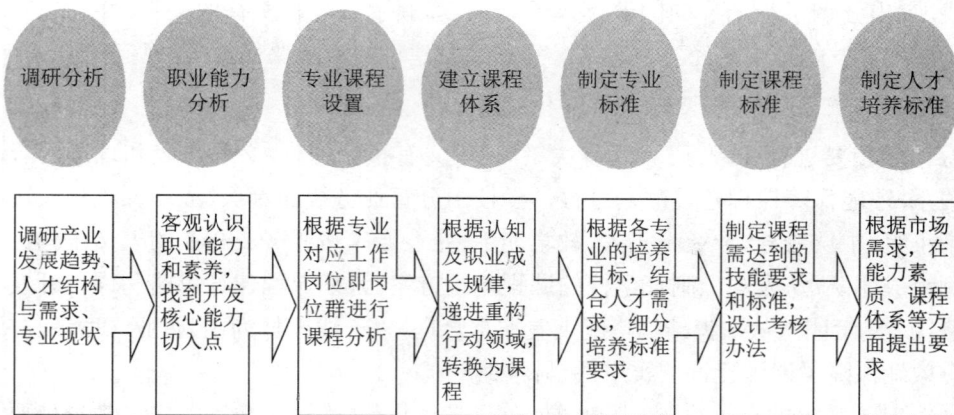

调研分析	职业能力分析	专业课程设置	建立课程体系	制定专业标准	制定课程标准	制定人才培养标准
调研产业发展趋势、人才结构与需求、专业现状	客观认识职业能力和素养,找到开发核心能力切入点	根据专业对应工作岗位即岗位群进行课程分析	根据认知及职业成长规律,递进重构行动领域,转换为课程	根据各专业的培养目标,结合人才需求,细分培养标准要求	制定课程需达到的技能要求和标准,设计考核办法	根据市场需求,在能力素质、课程体系等方面提出要求

2-2　课程开发路径

三 口语交际课程的可行性论证

建设精品课程是一个非常艰巨的任务,需要开发配套的教学资源,如教材、教案、课件、习题,建立网站等,非常复杂繁琐,费时费力。所以在课程建设之初必须对其可行性、意义和价值等进行充分论证。

笔者一直从事语文学科教学,从最初萌发建设精品课程的设想时就确定要以中职《语文》教材为蓝本进行课程开发。但是纵观整个高职,属于公共基础课的精品课程并不多见,而中职课程建设领域更是很难找到,没有成功的案例可供借鉴。《语文》教材内容丰富,选题的着眼点在哪里?怎样体现"精品"两字?开发的可行性有多大?意义和价值何在?这些问题像座大山一样压在团队所有人身上,经过一次又一次的研讨,笔者决定从语文课程的外延——公共基础课程的调研开始做起。因为如果这门课程建设成功,一定是公共基础课领域的一个重大突破,能够对其他基础课程的改革起到一定的引领和推动作用。所以这门课程的建设不能只站在语文的角度看语文,而是必须要有一个长远的目光,必须有一个大的格局,这样做出来的课程才能是精品,才能有推广的意义和价值。

《语文》作为一门公共基础课,有着公共基础课的共性和自己的特点。在选择以《语文》为蓝本去开发建设一门精品课程的时候,必须首先对本校公共基础课程的现状和发展需要做一个宏观的调研,反思与专业课程的发展差距,借鉴其成功的经验,归纳出公共基础课程改革的一些方法;其次对中职《语文》教材做一个系统全面的分析,找到课程建设的着眼点;然后对所确定的内容进行设计、规划、打磨,将之建设成一门适用于中职学生发展的精品课程,同时能够发挥其引领作用,推动学校乃至更大范围的公共基础课程改革的步伐。

(一)公共基础课程发展现状与改革思路

在职业学校,公共基础课程和专业课程共同担负着培育学生的重任,只是各有侧重而已。专业课程更多地承担着培养学生专业技能的功能,而公共基础课程则侧重于提升学生的人文素养,它在培养学生自主学习能力、促进学生职业能力的发展以及满足未来职业生涯的需要等方面,同样起着至关重要的作用。

1. 公共基础课程和专业课程的认可度

职业教育普遍存在重技能轻文化的现象,由于技能课强调操作能力、动手能力,实践性强学生学习专业课的兴趣较大。而公共基础课程偏重于传授理论,课堂比较沉闷,学生学习的积极性不高。所以在课程开发之前,我们团队对"公共基础课程和专业课程的认可度"做了一个摸底调查(表3-1),初步了解立足公共基础课开发精品课程的价值和意义。学生、教师、企业是教学的三大主体,他们对课程改革的认识和对公共基础课程的态度,决定了精品课程建设的方向。

表 3-1　"公共基础课程和专业课程认可度"调研表

调查对象	调研数量	专业课重要	文化课重要	同样重要
学生	240 人	76%	8.7%	15.3%
教师	68 人	66.7%	24.1%	10.2%
企业	27 个	50.7%	35.6%	13.7%

表 3-1 中的数据说明,无论学生、教师还是企业都认为专业课更重要些,其中,学生的认可度最高,教师次之,企业最低。对公共基础课程的认可度普遍偏低,尤其学生很不认可。这个结果充分说明公共基础课程存在诸多弊端,迫切需要进行课程改革。

为了获得更加翔实有效的数据,笔者精心设置了调查问卷,专门组织了一次比较科学规范的调研(附 1)。

对学生的调查结果可以看出,学生在普遍认可专业课的同时,也不否认公共基础课对后期成长的作用,但是他们普遍认为初中时学习水平太差、基础太弱,与中职课程之间有一个比较大的断层,跨越有难度;另外,中职课程有些内容枯燥,不好理解,且文化课教师教学方法单一,学习起来有困难,影响了学生的学习兴趣,致使接近一半的学生有不及格科目出现。学生认为,改革教材和教学方法是提高中等职业学校公共基础课质量的重要环节。

对教师的调查结果表明,教师对公共基础课在学生今后学习和发展中的作用更为看重,认为影响公共基础课教学质量的原因主要有两大方面:一是学生学习倦怠现象严重,对枯燥的公共基础课普遍持有厌学情绪;二是课程内容不够新颖,观点陈旧,事例缺乏新鲜感。教师对当前公共基础课程是否满足学生今后学习、升学、就业需要形成的意见基本一致,大都持否定态度。很多教师表示乐于参加中等职业学校公共基础课程的开发,并提出了不少很好的建议,比如学习课程建设理念、提高教师创新意识、希望学校能够提供更多学习机会等。

对企业的调查结果让参与调研的教师深感意外。教师们一致认为,学生是企业未来的员工,他们技术水平的高低直接影响着企业的产品质量,因此企业应该更偏向于专业技能的训练。但是,企业却给出了不同的答案,他们认为技术能力可以在学生入职之后通过师傅的带领快速提高,而公共基础课成绩较好的员工学习新技术通常都比较快,职业素养也相对较高。会做人比会做事重要,一个人品不好的员工,即便有很高的技能,也很难在岗位上做出成绩。企业对中职毕业生在技能方面的要求并不高,能达到初级工和中级工即可,而对学生的文化素养看得相对较重一些。

综合所有的调研结果,笔者发现,教师作为育人主体,企业作为用人主体,都认为公共基础课程对促进学生发展方面发挥着重要作用,是教学任务中必不可少的一部分,但是学生却普遍不喜欢公共基础课,教学内容不合理、教学方法单一是主要原因。也就是说,要想发挥公共基础课程的育人功能,提高学生的学习兴趣,必须对教材内容和教学方法等进行改革、创新。

2. 公共基础课程发展现状

中等职业学校公共基础课程的任务是引导中职学生树立正确的世界观、人生观和价值观,提高学生思想政治素质、职业道德水平和科学文化素养;为专业知识的学习和职业技能的培养奠定基础,满足学生职业生涯发展的需要,促进终身学习。但实际上,公共基础课程的任务目标在中职学校并没有得到很好的落实。

2000年和2008年,我国先后两次对中等职业教育公共基础课程进行改革,取得了一些进展,但相对于专业课程改革的成效,公共基础课程改革进展缓慢。笔者针对这一现象进行了调研,发现很多中职学校对其认识存在误区。

(1)许多中职学校把职业教育等同于职业技能培训,对专业课十分重视,而对公共基础课却怀有偏见,持漠视态度,人为地造成了"专业技能"与"文化基础"之间权重失衡。定位的模糊使公共基础课迷失方向,致使课堂教学呈现"低效"甚至"无效"现象。

(2)公共基础课程的教学理念陈旧。目前,专业课无论在课程改革还是在人才培养模式上,都发展得比较快,项目教学法、任务教学法等教学方法的运用收效显著。而公共基础课的发展相对缓慢,很多教师还在固守旧有的授课思路,对诸如"行动导向教学""工作过程系统化"等理念认识模糊,在教学实践中基本不会运用。

(3)公共基础课在课程模式、课程结构、教学内容、方法和教材等方面,受传统的"学科中心""知识本位"思想的影响,与专业脱节太大,缺乏职业教育的特色,课程综合化进展缓慢。

这些误区固然是由于公共基础课程采用的分科式教学形式所致,更与课程本身的一些因素如课程内容陈旧、教学模式刻板、评价方式单一等因素有关,所以公共基础课程的改革势在必行。

3. 公共基础课程改革的思路和策略

要想解决公共基础课程在职业教育教学中的错位和缺位问题，全面提升公共基础课程的教学质量，推动中等职业学校公共基础课程改革，不是靠一个教师团队和一所学校就能完成的，这是一个庞大且复杂的工程，它需要一个来自于政府层面或者一个有权威的教育机构的政策引导。

青岛市教育局从改革中职学校公共基础课教师的教学理念入手，"十二五"期间在全国率先推出《青岛市中职学校公共基础课课程改革的指导意见》（青岛市教育局 2014.04），通过召开教改现场会、课堂观摩交流、教材优化整合、课例研讨推广等形式，积极推进德育、语文、数学、英语四门公共基础学科的课程改革进程。并根据教育部文化基础学科大纲要求，对各中职学校公共基础课课程改革提出明确要求：基础模块的改革，主要体现在教学内容的调整增删，总体原则是铺垫台阶、降低难度；职业模块的改革，主要体现在公共基础课与专业学习、社会生活的有机结合，总体原则是巧妙对接、有机融合；拓展模块的改革，主要立足于为学生成长奠基，总体原则是渗透文化、提高素质。

《青岛市中职学校公共基础课课程改革的指导意见》的颁布实施，为全市的公共基础课程改革提供了理论依据，具有鲜明的导向功能；同时，也为公共基础课程教师理清了改革思路。

若想使公共基础课发挥其育人功能，全面提高中职学生的思想内涵，需要在课程改革中把握以下几个策略。

（1）正确处理基础课程与专业课程的关系。

职业教育要提高人才培养质量，不能只着眼于学生的技能，还必须强化学生的职业素养和道德素养。这就要求学校在实施教学的过程中，要正确处理好公共基础课程和专业课程的关系。公共基础课为专业课提供必要的知识基础，而专业课对公共基础课的建设提出具体要求、指明方向，两者相辅相成、相得益彰。基础课程可以让学生把握事物的共性，学会举一反三，将学到的常识和规律运用到专业课的学习过程中，为学习专业知识和形成专业技能奠定基础；专业课的学习可以让学生在实践操作中加深对知识结构的理解和运用，提高职业素养和人文素养。

目前，在以专业课程为中心的背景下，基础课程在很多地方被人为地边缘化了，公共基础课程与专业课程之间成了一种"无用"与"有用"的关系。实际上，专业课程在培养高技能人才过程中确实发挥了基础课程难以比拟的作用，但是，基础课程在中职人才培养体系中对学生素质的培养也是举足轻重的；两者之间如能不断促进、深化,互为补充,学生就会形成宽厚的基础、较强的能力和良好的素质,在身心方面和专业方面得到均衡发展,具有综合思考问题、解决问题的能力。中职公共基础课程若要更好地实现育人价值,必须从原有的基础性功能转变为提高学生素质、服务学生职业技能形成的服务性功能。

每门课程都是为实现专业培养目标而设立的,都是课程体系的有机组成部分,分别担负着不同的育人功能。在教学过程中,要淡化专业课和基础课两者的界限,搞好基础知识与专业知识的衔接,使公共基础课程的教学内容更具实用性和针对性。公共基础课在完成知识建构的时候,必须主动配合专业教学,在内容上和教学衔接上满足专业课程教学的需要,在范文讲解、范例展示时都尽可能与专业有关,渗透专业氛围。

所以在"以服务为宗旨,以就业为导向"的职业教育理念下,学生职业能力的培养与文化科学素养的提高并不相悖。推动公共基础课向专业化方向发展,这不仅能提高学生的整体素质和品位,而且能大大提升社会对职业学校毕业生的认可度,学生毕业上岗后更能适应就业环境的变化,对他们的全面发展和可持续发展具有重要意义。

(2) 从实用够用出发,重构知识内容。

升入职高的学生,有相当一部分没有达到初中毕业的合格要求,文化基础能力较差,学习能力欠缺,学习数学和英语等基础课程有一定困难。在建设精品课程时必须充分考虑学生学习的基础和现状,根据发展差异选择具有个性化的课程组合,重新构建学生的文化基础知识,降低起点,实事求是地确定公共基础课教材的教学目标、教学内容,按需施教,使每一位学生都能找到适合自己的课程,增强学习的信心,尽快适应中职的文化、专业和实践教学的要求。

中职公共基础课程对学生而言主要有三大功能:一是提高文化素质;二是为进行专业学习和形成职业能力打基础;三是继续学习深造,接受终身教育和终身学习。公共基础课的三个作用都非常重要,而实际上,现有的中职基础课程太偏重于理论教学已经不能很好地适应学生发展需要。长期以来,在"知识本位"思想指导下,中职公共基础课程设置和教学内容安排片面强调学科的系统性、完整性、逻辑性,已越来越不适应社会经济发展对职业人才的客观要求。学生学习知识的目的在于实际应用,在于提高职业能力和职业素质,培养创新精神和实践能力,因此,应以"要学、会学"为中心形成"学生主体、教师主导"的局面。在教学要求方面,要体现"四新"特点,要深入浅出、通俗易懂,教材不仅要成为教本,更要成为学本,要注意与初中、高中、高职教材的衔接和沟通。在结构方面,要进行模块设置，加载弹性和灵活性，以适应不同学制、不同专业、不同水平学生的多元化要求。在呈现形式方面，要图文并茂、体例新颖、版式活泼，以新的面貌和形象引发学生学习的兴趣。

因此，中职学校的公共基础课教师要有全新的课程改革意识，以培养学生的关键能力为目标，按照综合职业能力课程理论来对公共基础课程重新定位，着眼学生的未来发展，审视当前中职公共基础课教材，对其进行增删、整合，为学生的终身学习打基础。

公共基础课程的建设一定要请企业人员参与进来，一定要教给学生最有用最先进的知识。教学内容要紧密结合经济、科技和社会发展的实际，要在教学中改革创新，增强学生就业创业能力，坚持工学结合、知行合一，在人才培养模式、课程设置、教学内容、教学资源建设上有独特的可借鉴性经验，在教学手段和教学方式等方面形成典型的原创性案例。

公共基础课程改革不能只简单地做加法或减法，而是需要寻找一条主线，重新梳理知识结构，进行教学内容的重组和融合，以适应现代职业教育发展的需要。

（3）改革现有的教学模式。

传统的课堂教学模式主要包括五个环节：组织教学、导入新课（或检查复习）、讲授新课、总结巩固、布置作业。这种教学结构过多地强调了教师的主导作用，教师向学生单向灌输知识，学生只是被动接受，主体地位没有体现出来。这种教学模式严重影响了教学质量，所以教师的角色要从主讲者变成组织者、引导者，通过设置情境开展小组活动等，激发学生的学习热情和参与意识；让学生在参与任务活动中学会独立思考和解决问题、学会合作，使他们体验到成功的喜悦，增强自信心。传统的"教师教、学生学"要让位于"师生互教互学"，形成一个真正的"学习共同体"，打造"人人参与、平等对话"的氛围，释放学生个性和创造力，凸显学生的主体地位。

课程教学体现行动导向教学模式，注重学生能力的培养，加强与学生生活、专业和社会实践的紧密联系。课程模式无论怎样改革，都要为学生学习专业知识和形成职业技能打好基础，为学生接受继续教育、转换职业提供必要的条件。

（4）转变质量观，完善评价机制。

中等职业教育是不同于普通高中教育的另一种教育类型，其培养目标、课程标准、教学模式、评价方式等均有自身的独特要求。学生除了学习公共基础课之外，还有60%左右的时间要学习专业课和加强实践能力训练，加上学生入学的起点不高,因此中职公共基础课不应该也没有可能用普通高中的质量标准来衡量。中职教师应当用一种新眼光和新标准来审视职业教育的质量,实事求是地确定质量评价标准。

青岛中职公共基础课程的教学改革在"评价"方面进行了积极的尝试。从一张考卷到综合展示,倡导评价形式多样化:简化卷面考试的科目,以调查报告、情境模拟对话、学生成果展示等多种形式进行评价,激发学生主动性;倡导评价考核过程化:着重加强平日成绩的比重,将课堂表现、课后作业、小组合作成果等,全方位地纳入学业评价体系中;倡导学业多方评价:除教师评价外,还有学生自己、同学、家长甚至企业,多方评价,科学全面。

中职学校的教育目标是培养高素质的技术技能型人才,公共基础课程的教学评价也要以此为导向,对传统的、不利于实现中职教育目标的评价模式进行改革。建立与专业课程相一致的科学评价体系,实现评价主体、评价标准多元化,突出学生实践能力的培养,对促进中职学生的专业发展具有深远意义。

附1　公共基础课程建设调查问卷

(一)学生问卷

1.你毕业后准备如何发展?(　　　)

　A.就业　　　　　B.继续升学　　　　C.自己创业　　　　D.还没考虑好

2.你认为中等职业学校的文化基础课在后续专业课、专业基础课学习重要吗?(　　　)

　A.重要　　　　　B.不重要　　　　　C.其他

3.你认为中等职业学校文化基础课学习难度如何?(　　　)

　A.大　　　　　　B.不大　　　　　　C.其他

4.你的文化基础课考试有没有不及格科目?(　　　)

　A.有　　　　　　B.没有

5.你认为影响文化基础课学习兴趣的主要原因是(　　　)。

　A.入学水平低　　　　　　　　　B.教学方法单一

　C.教材、教学内容安排不合理

6.你认为文化课和专业课相比,哪个更重要?(　　　)

　A.文化课　　　　　B.专业课　　　　　C.同样重要

7.简答:你认为哪门文化基础课或哪个知识点给你印象最深?为什么?

8.你觉得文化基础课最应该学什么,也就是什么内容对你最有用?

_____

9.请描述心目中理想的教学模式和最希望学到的知识等内容。

_____

(二)教师问卷

1.您如何看待中等职业学校的文化基础课在学生今后学习和发展中的作用? (　　　)

A.重要　　　　　B.不重要　　　　C.其他

2.当前使用的教材是哪种版本? (　　　)

A.国家教材　　　　　　　　B.省市自编教材

C.学校自编讲义

3.您认为影响文化基础课教学质量的主要原因是(　　　)

A.学生入学水平问题　　　　B.课程建设问题

C.其他问题

4.您认为当前文化基础课课程是否符合学生今后学习、升学、就业需要? (　　　)

A.符合　　　B.不符合　　　C.还可以

5.您认为当前文化基础课教材适用性如何? (　　　)

A.很好　　　B.一般　　　C.不适用

6.您认为当前文化基础课课程是否反映了新的科学发展成就? (　　　)

A.是　　　B.还可以　　　C.不是

7.您认为当前文化基础课课程是否渗透对学生进行能力培养的要求? (　　　)

A.是　　　B.还可以　　　C.不是

8.您认为文化课和专业课相比,哪个更重要? (　　　)

A.文化课　　　B.专业课　　　C.同样重要

9.请您谈谈对自己所教课程、所用教材的总体看法。

_____

10.请您谈谈你对今后文化基础课课程建设的设想。

_____

(三)企业问卷

1.您对中等职业学校的课程满意吗? (　　　)

A.满意　　　B.比较满意　　　C.不满意

2.专业课程与文化课程相比,你更看重哪一类课程? (　　　)

A.专业课程　　　B.文化课程　　　　C.都一样　　　　D.都不重要

3.在中等职业学校开设文化课程有必要吗? (　　　)

A.非常必要　　　B.一般　　　　　　C.没必要

4.您认为学生文化素质的高低对他们的就业有影响吗? (　　　)

A.影响很大　　　B.一般　　　　　　C.没影响

5.您认为文化课和专业课相比,哪个更重要? (　　　)

A.文化课　　　　B.专业课　　　　　C.同样重要

6.您是否参与过中职文化课程建设? (　　　)

A.没有　　　　　B.参与过

7.您是否参与过中职专业课程建设? (　　　)

A.没有　　　　　B.参与过

8.您觉得文化基础课最应该学什么(即哪些内容对学生最有用)?

(二)中职语文课程改革现状与意义

目前,山东省中职学校所用《语文》教材是由人民教育出版社出版,由山东省教育厅组织有关专家编写,经山东省职业教育教材审定委员会审定通过,属于中等职业教育规划教材。本教材于2006年第一次出版,2009年根据教育部印发的公共基础课程新大纲的要求进行了修订,一直使用至今。教材贯彻了"以服务为宗旨、以就业为导向"的教学指导思想,体现了"以人为本、以能力为本"的教育理念,具有较高的学习价值和编写水平。

1.中职语文课程发展现状

在实际教学过程中,很多学校和教师跟随高职升学的指挥棒,把升学考试作为语文教学的唯一目标,导致语文课程的很多功用没有发挥出来。同时,有些教师墨守成规,教学方法落后,学生学习语文的积极性不高,影响了语文课程的育人功效。

青岛市教育局在启动公共基础课程改革的调研中发现,当前的中职语文教育确实还不能很好地满足学生从事岗位实践、厚实人文素养的需要,语文教学中存在的一些如功能定位不准、教学目标模糊、教学理念落后、教学模式传统等问题,制约着中职毕业生的终身学习和长远发展。为此,青岛市教育局制订了《青岛市中等职业学校语文课程改革实施方案》(附2),对语文学科课程现状、课程改革宗旨、课程改革内容和要求等做了详细的规划和指导。

"公共基础课程和专业课程认可度"的调研结果使团队教师对公共基础课的现状有了清晰的认识,《青岛市中等职业学校语文课程改革实施方案》又使大家意识到把语文课程做成精品课程的意义和价值,坚定了进行语文课程改革的信心。

2. 口语交际在中职语文教学中的地位和功用

在教育部最新颁布的《中等职业学校语文教学大纲》中明确规定了语文课程的教学目标:

中等职业学校语文课程要在九年义务教育的基础上,培养学生热爱祖国语言文字的思想感情,使学生进一步提高正确理解与运用祖国语言文字的能力,提高科学文化素养,以适应就业和创业的需要。指导学生学习必需的语文基础知识,掌握日常生活和职业岗位需要的现代文阅读能力、写作能力、口语交际能力,具有初步的文学作品欣赏能力和浅易文言文阅读能力。指导学生掌握基本的语文学习方法,养成自学和运用语文的良好习惯。引导学生重视语言的积累和感悟,接受优秀文化的熏陶,提高思想品德修养和审美情趣,形成良好的个性、健全的人格,促进职业生涯的发展。

中职语文应用性教学目标的设定要以"够用、实用"为原则,从满足社会需求和适应学生专业特点的角度出发,着重培养学生接受、表达两种能力。

接受能力的培养体现在会看、会听。一是学会用欣赏的眼光去看。这种能力落实到语文教学中,就是阅读能力的培养与实践。一般学生都会看书读报,但从什么角度去看、从什么方面去看,每个人不尽相同。我们要利用语文课堂,培养学生从欣赏的角度去看、去分辨。二是学会倾听的能力。如何实现有效沟通,最重要的就是要善于交流,而交流的前提就是要学会倾听。因此,我们在应用性教学中要精心设计,善于激发学生倾听兴趣,培养学生的倾听技巧,如开展听说训练、听写训练、听答训练等,既可以提高课堂学习的效率,又可以有效提高学生的判断能力,培养学生的倾听技巧。

表达能力的培养体现在会说、会写。一是学会说话,掌握表达的技巧。由于传统教学的"知识倾向"以及教师对说话教学认识等原因,在中职语文教学中说话教学并没有得到充分实施。因此,应用性语文教学要适应时代的进步,把"说"的训练落到实处,在教学中强化师生交流、生生交流,鼓励学生在课堂大胆发言,学会推销自己。

中等职业学校《语文》教材是由基础模块、职业模块和拓展模块三个部分构成,三个模块均从阅读与欣赏、表达与交流两个方面提出教学内容和教学要求,都把"口语交际"作为"表达与交流"的第一内容来阐述(表 3-2),而且占有相当大的比重,这样的结构编排足以看出口语交际在语文教学中的地位。

从教学内容的设定来看,口语交际作为一项基本的语文知识能力,在整个中职语文教学中占有重要的地位,是对传统语文教学的一大突破。而以往的语文教学,则主要从阅读和写作两个层面来培养训练学生的语文能力,口语交际只是语文教学附属品,根本得不到应有的重视。这样的变革显然是想通过语文实践活动提高学生综合运用语文的能力,这是现代语文教学观念的一次提升。

表 3-2 中职《语文》知识模块要求

模块	表达与交流	要 求
基础模块	口语交际	养成说普通话的习惯。普通话水平达到国家语言文字工作委员会颁布的《普通话水平测试等级标准(试行)》相应等级的要求 听话时做到耐心专注,能理解对方说话的主要内容、观点和意图;说话时有礼貌,表达清楚、连贯、得体 学会介绍、交谈、复述、演讲、即席发言、应聘等口语交际的方法和技能。能够根据学习、生活和职业工作的目的和情景进行恰当的表达和交流
职业模块	口语交际	掌握接待、洽谈、答询、协商等口语交际的方法和技能,做到态度真诚、表达准确、语言文明、仪态大方,符合职业岗位的要求
拓展模块	口语交际	能用普通话正确表达自己的观点,能根据语境,借助语气、表情、手势恰当地表情达意,提高交际效果 学会讲解、采访、讨论、辩论等口语交际的方法和技能,做到重点突出、条理清晰、用语简洁,能根据职业工作的需要,恰当进行口头表达与交流

3. 口语交际在语文教学中的重要意义

中等职业教育与一般的普通高中教育不同,它培养的是社会需求的技术技能型人才,社会并不要求这类人才具备多么深厚的文学修养、多么渊博的语文知识,用人单位更关注人才在社会化方面的能力,如人格发展、交流技能或与他人合作的能力等。基于此,应用性语文课程模块的开发需要发挥其知识性和工具性两种功能,在教学内容上应实事求是地立足于中职学生的语文学习水平和接受能力。

口语交际能力是职业学校学生步入社会后求生存、谋发展的必备能力,也是现代人必须具备的语文能力。因此,中职语文教学要适应时代的进步,必须将口语教学纳入职业学校语文教学的良性运行机制,把"说"的训练落到实处,使学生的说话能力得到实质性提升。

　　培养良好的说话能力有助于书面表达的提高。"说"与"写"是相辅相成的。"口头为语,书面为文",叶圣陶先生对语文学科性质的界定,多年来已得到人们的广泛认可。语文教学的主要任务就是要提高学生的口头表达能力和书面表达能力。而话说得好,写作才有基础。书面用语是在口语的基础上发展起来的,语言教育是从口语教育开始的。在中职语文教学中,学生只有先愿意在课堂上开口说,能有组织地将自己的观点表达出来,才有可能去动笔写,因为"说"要比"写"容易得多。而学生只有说得多了,才能积累丰富的词汇、短语,才能进一步培养组织和运用语言的能力,提高自己的写作水平。

　　培养学生的说话能力是改变中职语文教学弊端、转变中职生说话能力现状的需要。长期以来,中职学校总是强调学生的专业教学,强调学生专业技能的培养和提高,而忽视了语文教学,从而给学生形成很不好的印象:在中职学校只需要学好专业课就行了,语文学不学都无所谓。学校的不重视、学生的轻视、语文教师的弱势,严重影响了中职语文教学的质量,影响了学生语文能力的全面提高。笔者曾经对所教两个班的学生进行了语言能力掌握程度的测试,从说话主题、条理、连贯性、生动性和语音的清晰度等方面进行了统计,通过测试得知:学生口语能力较强的仅占 16.1%,而说话水平不合格的却占 60.2%,也就是说,大部分学生在说话方面存在问题,或结结巴巴、词不达意,或干脆一言不发。

　　因此,在中职语文教学中培养学生的说话能力具有重要的意义,既能改变中职学校轻视语文教学的现状,又完全顺应经济发展对人才质量的需求。可事实上,由于"口语交际"在教学时有难度,没列入考试范畴,所以大部分语文教师不够重视,致使学生口语表达能力较差的现象没有改观,学生无法适应日趋激烈的社会竞争形式,所以在中职学校开发该门课程非常必要。

　　基于以上分析,笔者将精品课程开发的着眼点定于中职《语文》教材中的"口语交际"这个模块,旨在发展学生的交际、沟通能力,提升学生的职业能力和职业素养。

(三)口语交际课程开发的可行性分析

　　至此,课程建设的方向已基本确定,但这大都来源于团队教师对口语交际的认识,主要是理论上的调研、推理,稍微有些主观。若想建好这门课程,还需要从实践的层面进行详细、科学的论证,必须对其可行性做一个全方位、深层次的分析。

1. 学生发展现状

2010 年 5 月,围绕本课程的开发,笔者曾对 2009 级、2010 级学前教育专业在校生 9 个班级 465 名学生采用问卷调查的方式进行了一系列调研。2010 年 9 月，笔者又对机电、计算机、数控、服装、旅游五个专业的 10 个班级 492 名学生进行了调查。两次调查结果基本一致，每个数值的差距均保持在 5% 以内（表 3-3）。

表 3-3　"口语交际训练"课程调查问卷（一）

调查学校	平度市职业中等专业学校		调查项目		"口语交际训练"调查问卷		
调查对象	2011 级学生		人　数		492 名		
序号	问　题	一	比例	二	比例	三	比例
1	你认为自己的交际能力如何？	较好	7%	一般	45%	较差	48%
2	你与同学产生矛盾时,你能否与他进行很好的沟通？	能	5%	一般	34%	不能	61%
3	在一个新集体里,你需要多长时间熟悉所有同学？	一周	9%	半月	46%	一月	45%
4	跟陌生人讲话时,能否做到自如？	能	8%	一般	41%	不能	51%
5	你在课堂上发言积极吗？	积极	12%	一般	35%	不积极	53%
6	你是否经常跟班主任交流自己对班级的看法？	经常	6%	很少	21%	没有	73%
7	当你遇到烦恼的时候,你会选择与谁倾诉？	父母	75%	老师	6%	同学	19%
8	你是否经常表达与众不同的观点？	经常	4%	很少	20%	没有	76%
9	对不同场合的礼仪常规你是否熟悉？	很熟	0	一般	19%	很少	81%
10	学校经常进行口语方面的比赛吗？	经常	0	很少	31%	没有	69%
11	语文课是否经常进行口语训练？	经常	0	很少	79%	没有	21%
12	你认为口语交际能力对你未来的发展有帮助吗？	很有	83%	一般	16%	很少	1%
13	你认为开设口语交际课有必要吗？	很必要	89%	必要	10%	无所谓	1%

　　调查采取的是在自愿状态下不记名方式,调查过程无人为因素干扰,非常严谨,调查结果比较真实。综合两次调查,笔者发现学生在与他人的交流中主要存在以下问题:一是说不明白自己的意思,语无伦次;二是在交谈或讲述中,手足无措,词不达意,表情全无;三是心理素质较差,缺乏良好的心理调控能力,当众说话时心慌气短、过分紧张;四是由于对语言交流有恐惧心理,不愿与他人接触、谈

话。调查结果表明,学生在沟通能力、交际能力、合作能力、创新能力等方面的缺失令人担忧。

众所周知,现在的就业岗位需要的不只是"技能",而是包括职业道德规范、表达能力、团队合作能力、职业发展能力和实践能力等在内的综合职业能力。不论学生将来从事什么工作,不论是接待客人、反映情况,还是咨询答询、自荐应聘等,都需要有一定的社会交际能力和口头表达能力。所以,职业学校的学生如果一毕业就想要谋求到自己理想的工作岗位,必须掌握一定的口语交际技巧。只有这样才能够在激烈的市场竞争中脱颖而出,为自己创造更多的就业契机,也为自己日后更好地开展工作创造一种和谐的人际氛围。

2. 课程发展现状

在语文教材中有三个知识模块,分别是阅读、写作和口语交际,口语交际是语文教学的一部分。但在教学实践中,由于费时费力、材料不足,很多教师对这一块知识点落实得并不到位,在教学中往往是走马观花、敷衍了事,把教学过程变成了"听说"过程,或者成了少数学生的表演课。有的学校甚至干脆把口语交际这部分内容弃之不顾,教学内容严重缩水。

这些做法在很大程度上造成了教学资源的浪费,违背了促进学生全面发展的教学原则,与职业教育的培养任务要求相去甚远。鉴于此,我们团队认为,必须进行课程改革,让口语交际真正成为一门为学生发展、成才服务的课程。

3. 学校发展现状

国家政策的扶持和市场对人才的需求,成为推动平度职业教育中心课程改革的强大动力。另外,"办最优的职业教育,创最好的就业机会,为最多的学生服务",是平度职业教育中心持之以恒的目标和提升内涵的动力,这些理念的成熟为课程改革提供了肥沃的土壤。

在青岛市教育局有关精品课程评选文件的推动下,老师们纷纷行动起来,投身到校本教材的开发、建设之中。在此基础上,学校又经过层层选拔,力推一部分优质课程参加青岛市精品课程评选。为了保证课程建设质量,学校聘请了专家对参选课程进行针对性指导,"口语交际训练"课程的建设理念、课程内容、教学方法得到了专家的高度认可。

4. 社会需要现状

口才是一种隐形的生产力。"一言之辩重于九鼎之宝,三寸之舌强于百万之师",这是古人对口才本质力量的认识与概括。在经济发达的美国,人们则把"口才、金钱、电脑"看作社会发展中最有力量的三大法宝。

针对现代化企业对学生口语表达能力的需求,我们团队进行了调查(表3-4)。

表3-4 "口语交际训练"课程调查问卷(二)

调查单位	平度三龙城建公司		调查项目		"口语交际训练"调查问卷		
序号	问 题	一	比例	二	比例	三	比例
1	你认为学生的专业能力如何?	较好	48%	一般	37%	较差	15%
2	你认为学生的语言交际能力如何?	较好	32%	一般	43%	较差	25%
3	你认为学生的普通话水平如何?	较好	16%	一般	45%	较差	37%
4	学生的普通话能力对他们的工作有帮助吗?	很有	83%	一般	16%	很少	1%
5	学生能否流畅地表达自己的观点?	有必要	29%	一般	46%	没必要	25%
6	学生跟陌生人讲话时能否做到自如?	能	27%	一般	52%	不能	21%
7	学生与同事的沟通能力如何?	积极	12%	一般	35%	不积极	53%
8	学生是否能与同事团结合作?	经常	6%	很少	21%	没有	73%
9	学生的礼貌礼仪表现如何?	较好	36%	一般	44%	较差	28%
10	你认为口语交际能力对未来的发展有帮助吗?	很有	85%	一般	13%	很少	2%
11	你认为学生还需要掌握哪些能力?	组织活动的能力,与客户交流的能力,销售能力					

调查发现,随着社会的进步,经营者的理念也在与时俱进,在抓技术效率、制度管理的同时,也越来越重视通过企业文化来引领企业发展壮大。很多企业管理者已经形成了一种"不唯学历看能力、不唯职称看技术、不唯资历看业绩、不唯身份看素质"的思想观念。

社会对人才的需要主要着眼于以下三个结构层次(表3-5)。

表3-5 人才需要结构层次表

结构层次	主要内容	所占比重
知识结构	基础知识、综合知识	30%
职业技能结构	获取相关知识的能力、运用知识的能力、创造性开发的能力、就业与职业生存的能力、协调和沟通能力	50%
素质结构	心理素质、社会素质	20%

在每一个结构层面都可以找到与口语交际相关的契合点。也就是说,口语交际能力是用人单位衡量员工素质的一个必备因素。企业理念的变革可以折射出社会对人才的需要也从单一的技术要求转向了多元化,企业需要复合型人才来宣传其文化内涵,丰富营销策略,深化经营理念。

目前学生的就业压力依然很大,优胜劣汰的竞争格局促使学校必须把提高学生就业素质作为生存和发展的内驱力,口语交际能力成为首先必备的素质。所以,在职业学校开展口语教学,是应社会之需、顺时代潮流。

(四)口语交际课程的意义与功用

中国古代有"一言可以兴邦,一言可以丧邦"之说,人们把口语表达的重要性提高到了关系国家兴亡的高度。清朝时,著名文艺批评家叶燮曾提出"才、胆、识、力"是人才成长的重要因素,这里的"才"就是指"口才";"胆"则是指人在社会交往中敢于说话、在大庭广众前敢于演讲的勇气和魄力。

进入21世纪,联合国教科文组织也对人才提出了六项要求:一是能正确处理人与自然的关系;二是能正确处理人与人的关系;三是信息集纳能力;四是口才;五是书写能力;六是专业技能。口才成为联合国衡量人才的一个重要标准,这足以看出现代国际社会对口才的重视。

口语交际能力是言语表达能力、做人能力、生存能力等多种能力的有机组合,它代表着一个人的综合实力,几乎在每一个人、每一个团队的命运里都扮演着十分重要的角色。开发"口语交际训练"课程,能够使学生充分认识到口语交际对个人成长和社会发展的意义,从而提高主动学习的积极性,使口语交际成为成功就业创业的基石。

1. 口语交际是一种文化

春秋战国时期是我国口才艺术发展的黄金期。春秋战国是列国纷争、群雄夺霸的时代,为了迎合各国君王称霸的野心,一批通晓治国方略且能言善辩的游说之士应运而生。"士"们分析形势,陈说利弊,巧舌如簧,往往不费一兵一卒就可以改变天下形势,他们的功用深得各诸侯以及社会上达官贵人的青睐和赏识。到了战国时期,养士之风日渐盛行,"士"的地位有了较大程度的提高。统治阶级为了网罗人才,不惜用重金征集。这些"士"们长于政论,富有才能,凭口舌辩说,得大官取富贵,鼓吹"合纵连横"的苏秦、张仪便是其中的代表人物。《战国策》里有专门记载"策士"的议论,留下了晏子使楚、烛之武退秦师、邹忌讽齐王纳谏等代代传颂的口才故事。在中学语文教材里,也展示了一些口才家的风采,如善于"讽齐王纳谏"的邹忌、"不辱使命"的唐雎等,这些游说之士都是凭借自己的"三寸不烂之舌",广泛活跃于政治、军事、外交及各生活领域,是一支不可低估的社会力量,为推动历史的发展做出了不可磨灭的贡献。

但是,并非每一个巧舌如簧的人都能成就事业。泼妇骂街往往口若悬河,走江湖卖膏药的人更能滔滔不绝,然而这类人却一生无所建树,究其原因,我们会发现这些人用词庸俗拙劣、言词间毫无美感可言。而"士"这一类人总能旁征博引、引经据典、出口成章、庄谐杂出,处处可见他们不凡的谈吐。所以说,口才也是一种文化,一个饱读诗书、通晓诸子百家的人,文化底蕴厚重,说起话来往往妙语连珠、舌灿莲花,让人听后酣畅淋漓、舒服熨帖。

在现代中国,口才依然作为一种重要的文化得到了很好的传承。从小学到高中的语文课本里,都有专门的"口语交际训练"内容,它借助一些典型的事例向学生讲述了口语交际的方法和技巧,让学生学会交流和沟通;学校也经常举办演讲比赛、辩论赛等赛事,提高学生口语表达能力。

口才作为一种文化,在世界各地得到了广泛传播。在美国,口头表达能力的培养贯穿了整个中小学教育。教师通常会安排比较内向的孩子同相对健谈的同学坐同桌,从气氛上帮助不善言谈的孩子参与课堂讨论。校学生会,是一种很能体现美国特色的校园学生组织。学生把它看作是参与社会、培养组织能力和表达能力的一个途径。学生会从初中就开始设置,到大学时更趋成熟完备。学生会成员的候选人需要面对同学清楚而生动地阐述自己的观点和行动计划。当选以后,学生会成员将在与校方的交涉中反映学生要求,维护学生的利益。在讨论关系学生学习、生活质量的问题时,学生会的意见往往具有较强的代表性和参考价值。不少公立高中还开设辩论课作为选修课程。在课堂以外,学校安排的锻炼口语交际的活动也很多,如"模拟法庭""模拟联合国""学生会竞选活动"等,就国家或世界上的热点问题在全体大会、小组讨论会和各类社交聚会上阐述其观点,并就相关决议案进行磋商。

美国人之所以比较重视培养孩子的口语交际能力,也有其文化上的渊源。在美国广泛流传着这样一句名言:"第一印象绝对不会有第二次机会。"人们通常都比较在意自己的形象和仪表,以期给初次见面的人留下一个好的印象。而一个人的言谈和表达能力,更是反映个人禀性和修养的"无声声明";再者,口语交际被看作一个人多方面能力的集中表现,如逻辑思维能力、幽默感、社会阅历等,都是重视仪表和形象的美国人所要投入心力加以锤炼和提高的重要方面。

2. 口语交际是一种艺术

现实生活中,有的人讲话有哲理、有深度、有广度,使人感动万分、受益匪浅;有的人说话枯燥无味、漫无边际、毫无新意,令人反感。为什么会有这么大的反差呢?因为口语交际是一种艺术,每个人对这种艺术的把握有深有浅。

有人说:"说话是最容易的事,也是最难的事。最容易,因为三岁的小孩也会说话;最难,因为最擅长辞令的外交家也有说错话的时候。"社会的交流与合作,需要经常进行谈判。商家要进行经贸谈判,谈得高明,成百上千万元争取过来;谈得外行,巨额财富白白送人;谈得过于精明,一毛不拔,寸步不让,忘了互利互惠的原则,谈判破裂,双方皆一无所获。谈判谈判,无论多少计谋,都要通过"口语交际"去谈。

可以说,七十二行,行行都需要口才。口才是一门语言的艺术,是人与人之间打开心门的一把钥匙,一个懂得说话技巧与处世智慧的人,能轻松地驾驭生活,获取属于自己的成功。商场服务员在向顾客介绍衣服时,新手经常会说:"你的脸盘比较大,适合穿什么样的领子;你的臀部长得不规范,适合穿什么样的下装。"但一些营销老手却不会直接提出自己的看法,而是委婉地给顾客提建议:"你是不是觉得穿上这种领型的衬衫会更漂亮?""这种强调颈部和夸张肩部的设计对平衡上下身的围度比例起到更好的调节作用,使你看起来整体匀称又不失成熟美。"这些建议的话,虽然新手和老手表达的意思基本相同,但后者委婉而又礼貌,比较得体,使人听起来轻松自在、心情舒畅,也更容易让人接受。直言不讳、开门见山虽然简单明了,但给人的刺激性太大,容易伤害对方的自尊心。会表达,表达得对,语言可以成就你,让你在纷扰的世界中找到最适合自己的生活方式。

"良言一句三冬暖,恶语伤人六月寒""善言使人笑,恶语使人跳",古人给我们留下了许多脍炙人口的名句,形象地说明了口才的重要。有时一句话能置人于生死、命悬一线,一句话能化险为夷、转危为安,所以掌握说话的艺术非常重要。

《邹忌讽齐王纳谏》是一篇流芳千古的名作。邹忌用家庭生活中的小事,现身说法,推己及人,以事设喻,让齐威王既明白了自己受蒙蔽的严重性,又懂得了纳谏的重要性,从而接受了邹忌的劝告,并悬赏求谏、广开言路,结果使齐国国势强盛、威震诸侯。邹忌的成功得益于三点:一是现身说法,以此及彼,可信;二是在方式上采用设喻论证,在逻辑上采用类比推理,巧妙自然,入情入理;三是邹忌自我检讨后再帮齐王代入,态度诚恳打动人心,渐近而不冒进,讽谏的手段相当高明,讽谏的艺术令人叫绝。

在生活中我们经常要提出自己的见解主张,如果都能像邹忌那样生动形象地说理,由小到大,由浅入深,含蓄委婉地表达自己的见解,那么定能达到预期效果。

生活的每一天都会接触到形形色色的人,避免不了与人交流交谈,口语表达足以看出一个人的水平。在人际交往中,不俗不媚、宽容随和、通情达理的谈话方式,无论何时何地都广受欢迎。我们要学会说话,尤其是面对各种各样的人、各种功能场合的时候,聪明的人知道在该什么时候说、什么时候不说,知道该怎样说和该说些什么。

口语交际是一种综合艺术,要真正掌握这种艺术并非易事,它包括很多方面的技巧,诸如声音的字正腔圆、吐字归音,形体的动作、面部表情和仪表礼节,控场应变的方法,即兴说话的诀窍,论辩的艺术,对话的妙法等,需要我们不断学习、领会,更需要我们有意识地去模仿、训练。

3. 口语交际是一种技能

口语交际是人们交际活动中最普遍、最简便、最有效的一种手段,同时也是人类生存的基本技能之一。口语交际能力强的人,讲话时闪烁出真知灼见,给人以精明、睿智、风趣之感,必然成为社交场合的佼佼者。

当今社会,人们普遍认为良好的口语表达能力是创造型和开拓型人才必备的能力之一,对口语越来越重视,很多地区、部门、单位在招聘人才、选拔人才时,早已不满足于看档案与笔试,而是一定要加面试、口试、答辩甚至还要举行竞选演讲大会。越来越多的以发现与选拔人才为目的的节目主持人大赛、青春风采赛、广告之星比赛、时装模特比赛、公关小姐比赛等等,不但要看颜值、看身材,更要看口才;在最后一轮决赛中通常专门有一个展示演讲与口才的比赛项目,参赛选手必须动用浑身解数一展口才才有可能取得最后的胜利。口语交际能力已作为一项重要技能,成为新时代人员招聘的重要考核标准,成为一个人生活、事业成功的极其重要的因素。

口语交际无论在商贸谈判、产品销售、技术引进、公共关系还是进行思想教育、组织生产和经济活动中都起着至关重要的作用,很多企业高层都把提高员工讲话能力作为扩大生产的一种手段。当一个人荣调到一个新单位担任领导工作,或当他大学毕业后分到一个新的工作单位,不可能在较短的时间里和那里的每个人相识或很快地使别人了解他,但从他到新单位的第一次见面、登台或讲话起,大家就认识了他,并从他的第一次讲话中产生了第一印象。如果这个人能说会道,有很好的口语表达能力,那么人们就会说新来的领导或大学生是有水平的,讲起话来是头头是道、条条有理,有魄力,有气质,有口才,有水平。那么,听众和同事个个都会对他充满一种新的希望;正是这种新的希望,很容易使他打开工作的新局面。相反,如果不能说、不能讲,没有很好的口语表达能力,那么给大家的第一印象就是此人不怎样,听了半天也不知道他讲的是什么东西,连几句话也说不清,还不如某某,这样的人能打开工作局面吗?这样,即使他专业水平很高、能力很强,也需要相当长的时间才能扭转大家对他的初次见面的印象。

无论在课堂、在舞台还是在谈判桌上,只要有人的地方,就需要交流,就需要对话,就需要高超的讲话能力。"沉默是金"在社交场合根本行不通,而且是非常不礼貌的;反之,善于打破沉默、谈笑风生、能带动会场气氛的人,走到哪里都会受到大家的欢迎。这种人不会让会场沉默太久,也不会让"无聊分子"一直强迫别人听他的训话,他们懂得适时转变话题,让大家都有台阶下。社交活动就需要这样的人调节气氛,让话题一直继续下去,使得宾主尽欢。

无数事实说明,善于言辞的人,在社交场合中游刃有余、事半功倍,并能极大地提升自身的个性魅力。所以说,一个人的讲话水平,可以决定他的生活层次;一个企业员工的整体讲话水平,可以决定企业的发展速度;一个国家公民的整体讲话水平,则可以决定着这个国家的兴衰、国际竞争的成败。大到修身、齐家、治国、平天下,小到求职、恋爱、晋升、谋发展,哪一种也离不开口语交际。

语文是人文性与工具性的统一,口语交际作为语文教学的一部分同样肩负着传播人文关怀、传承民族文化的重任。口语交际在我国有深远的历史,许多名人志士凭借精湛的交际技巧立下了赫赫战功,创了一个时代的辉煌,它的艺术性和文化底蕴对于现代人发展的意义依然重大。我们深信,"口语交际训练"课程的开发应用,必然会在培养学生的人文素养和就业素质中发挥积极效能,收获令人欣喜的成果。

(五)"口语交际训练"课程的就业导向和职业特征

职校学生大多在考取普通高中无望时才不得不选择了职校。他们在语文方面见识少、阅读量小、词汇积累少,因而口语表达深受阻碍。另外,在一些地方受方言影响,学生普通话说得不好,直接影响了表达效果。同时职校学生的年龄大多在15～18岁之间,在心理和生理上正趋于成熟,在情感上出现了内向性和表现性共存的现象,因而普遍存在公众场合"羞于启齿"的心理障碍。以上三方面的原因使得职校学生在需要表达自己意见的场合,较为普遍地表现为"口讷",甚至被人认为是"木讷"。

职校学生毕业后将直接进入竞争激烈的社会,他们将面临求职、应聘、公关等各个方面的挑战。口语交际能力差,毕业后就很难适应社会对人才多方面的需求,因此,培养学生敏捷的口语交际能力是职校语文教学的当务之急。

"口语交际训练"课程根据中职学生现状,以就业为导向,以"实用够用"为基本原则,体现职业特点,为学生形成综合职业能力奠定了基础。

1. 教学目标准确定位,正视现状,与专业结合

中等职业学校教育的根本属性是职业教育,而非基础教育。学生能力上的差异也决定了这一点:他们不可能做到文化基础知识和专业技能都深入兼顾,因此扎扎实实地掌握职业技能和职业素养是他们面向未来的合理选择,这也是职校区别于普通高中而赖以生存的基础。"口语交际训练"课程也应定位于此,作为其中的一门公共基础课,应和专业相结合,和学生相结合,才能发挥其在职校的真正作用。

和专业结合,教材先行。教材编排应以"必需够用"为原则,内容力求做到典范性、时代性、实用性、趣味性的统一。在充分调查研究的基础上,考虑中职生就业、从业、创业的需要,以及认知特点和情感心理,让课文内容和专业贴近,课文思想和专业互融,口语、写作为就业铺垫。

和学生结合,教法辅助。在实际的口语教学中,我们应正视现状,承认学生的差异,扬长避短,通过实施行动导向教学法,最大限度地激发他们的兴趣,挖掘他们的潜能,发挥他们的长处。

2. 教学内容与专业知识和生活实践相结合,突出实用性

无论是中职语文课程还是"口语交际训练"课程,都应该定位为一门为专业技术理论课服务的基础课,应在教材内容的选择上尽量与专业知识和生活实践相结合。中职学生毕业后就将进入工作岗位,竞争也就随即而来。试想如果作为维修工人看不懂设备说明书,将如何"对症下药"?如果在工作中不擅于与同事沟通,将如何发挥团队协作的力量?如果求职者捧着字迹潦草、错字连篇的自荐信,将如何获得用人单位的青睐?

为了让学生在未来的工作岗位上脱颖而出,"口语交际训练"课程强调以贴近生活的话题或职业情境来展开口语交际活动。在生活中我们随时随地都要和别人交流,口语交际训练只有根植于生活、服务于生活,多途径展开训练,才能满足学生的自身需要和社会需要。因此,教师要主动帮助学生巧搭口语交际的"舞台",创设富有生活情趣的语境,选取一些贴近生活、专业、职业的话题,例如在旅游专业设置了"导购""接待客人"等社会模拟活动,从中培养学生待人处事的能

力,让学生在多姿多彩的生活"舞台"中观察、表达,从容地进行交流,发展口语交际能力。在教学《推销》任务时,笔者把班级中的手机收集起来,把讲桌当柜台,模拟商场销售的情境,让学生练习推销。在机电专业学习《解说》任务时,笔者把学生带到实训车间,让他们把机床或者自己常用的各种器具的功能等介绍给大家,学习内容与学生的生活实际、工作环境紧密联系起来了,学生的兴趣被调动起来,学习气氛非常热烈。同时笔者也参与活动,让自己融入学生中去,发现问题就给予恰当的点拨,使学生从中受到启发,让学生在亲身体验和实践中用自己的智慧去解决问题,使他们口语交际能力得到锻炼和提高。

3. 教学方法灵活多变,注重职业情境建构

口语交际是听话、说话能力在实际交往中的应用,它需要"人与人之间的往来接触",是一个听说双方你来我往、你应我和的信息交流过程,带有多向互动的特点。这就需要教师在教学中采用灵活多样的教学方法,并且要为学生建构知识创造一种情境性和协作性的学习环境,使他们在建构过程中获得发展。

"口语交际训练"课程主要采用了任务引领、情境模拟、角色扮演、案例分析等行动导向教学方法。这些方法的使用,需要创设一个与任务相关的情境,让学生在特定的情境中完成对知识的掌握,提高交际能力。课程的建设理念是以就业为导向的,因此,教师要以职业情境为中心来创设任务情境,按照职业工作环境来设计和建设教学环境。在职业情境中教学,把学习任务转变为工作任务,把课堂转变为工作场所,把学习过程转变为完成具体工作任务的过程,学生在仿真的职业教学情境中体验真实的工作过程,充分感受到职业工作场景的影响,有效地提高了职业能力。伴随着教学进程的深入,学生在新情境中实现知识的迁移,增强了可持续发展的能力。

教学中设置怎样的情境,以什么样的形式出现,都必须依据教材特点和教学目的、教学要求来确定。在创设具体情境时,一定要考虑学生现有知识水平和生活经验,不能超出学生实际,也就是要考虑学生的"最近发展区"。如果情境跟学生的生活实际相关太远,大部分学生都没有经历过或体验过,很难引起学生的共鸣。

4. 教学过程多向互动,提升学生人文素养和主体地位

长期的应试教育使有些教师认为,语文教学只需教好课文,指导好学生的阅读和写作就行了,因此,"读"和"写"成了语文教学的中心内容。他们甚至认为,教学生"说话"太简单,根本没有必要,或者认为口语交际不列为考试范围,无须浪费时间学习,所以对于"口语交际"这部分内容,基本上采用的是教师单向传

授的方式,整个教学过程学生被动参与,没有积极性。其实,在以前的《中学语文课程标准》中,"口语交际"曾被称为"听说训练",听说训练是以单向活动为主,而口语交际则强调多向互动,名称的更换体现出教学理念的改变。笔者在建设"口语交际训练"精品课程的过程中,通过情境模拟、角色扮演等方式,让学生全过程参与。从情境布置到教学评价,教师只是一个导引者,学生自始至终都是课堂的主人,这极大地调动了学生学习的积极性。

口语交际是语言交流和人文素养的统一体,不仅要训练口语交际的技巧,还要培养学生文明礼貌的素养以及言谈举止中传情达意的能力。因此,在开发教材时,笔者融入了一些基本的礼仪常识,包括握手的顺序、演讲的态势、与他人交谈时的坐姿等,这部分人文知识纳入课堂训练,并作为任务考评的一个重要指标对学生进行评价。

在教学过程中让学生全方位参与,尽可能多地为他们创造锻炼自我的机会,保证每一个学生都有所收获,这是"口语交际训练"课程的一个重要教学理念。同时,正确处理好"导"与"学"的关系,切实落实学生的主体地位,激发学生的参与意识,是尊重职业教育规律的体现,也是我们对过去的口语交际教学做了深刻反思之后的必然选择。

5. 教学评价应淡化分数,强调形成职业综合能力

《中等职业学校语文教学大纲》中虽然对"口语交际"部分内容提出了一些要求,但是在实际教学中却没有统一的评价方法,不能从客观上来判断学生的口语交际能力通过两年的学习是否达到大纲规定的要求。加之目前各校对口语交际的重视程度不尽相同,很多学校仍然把它作为语文教学中可有可无的一部分,没有固定的课时数,甚至没有将其列入学生能力考核的范围,很难从成绩表面判断谁的口语交际能力高些、谁的低些。

所以,根据目前职校学生的特点我们认为,对口语交际知识点的考核,应强化职业能力的应用,简化知识理论的考查,强调形成职业综合能力的评价,淡化分数的量化。我们把考查内容分为四块:基础知识测试、表达能力、应变交际、礼貌礼仪,根据学生分担的任务分阶段进行考查,将评价融合在教学过程之中,重视和采用开放式的质性评价方法,将定性评价与定量评价相结合,关注学生学习发展的过程,使过程性评价与终结性评价有机地结合。

附2 《青岛市中等职业学校语文课程改革实施方案》

一、语文学科课程现状

目前青岛地区社会经济发展需要大量高素质、强技能的技能型人才,然而我市当前的中职语文教育还不能很好满足学生从事岗位实践、厚实人文素养的需要。语文教学中存在的一些突出问题制约着中职毕业生的终身学习和长远发展,主要体现在以下几个方面:

(一)功能定位不准,教学目标模糊

不能准确把握中职语文课程的功能和定位,对于学生读、写、听、说和思维等语文实践能力的培养不够,对于立足基础、强化能力、提高内在素养的研究不足,教师的教与学生的学缺少有机的融合。课堂教学存在语文教学目标空缺、阅读教学流于公式化、口语交际与综合实践活动流于形式化的倾向,无法在进行知识传授的同时培养学生的语文能力,体现职业教育的改革发展要求。

(二)教学理念落后,教学模式传统

课堂教学,特别是阅读教学,还停留在以教师讲析为主的满堂灌式、封闭式的教学模式上,课堂上没有突出学生的主体地位,学生参与面不广,主动学习的意识不够。具体表现为:只备教材,不备学生;重知识讲授,轻阅读讨论;重教师提问,轻学生思考。不能创建开放、包容、民主的语文课堂,学生处于被动接受的地位,主体性不能得以较好体现,导致学生学习兴趣不高,教学效率低下。

(三)教学手段简单,学生参与度低

语文课堂教学的教学手段过于简单,个别教师还停留在"一份教案,一本课本,一支粉笔,一个课件"的阶段,不能很好地利用现代信息手段,重呈现,轻互动。阅读教学授课形式单一,口语交际训练覆盖面窄,综合实践活动只停留在理论层面,少真正的活动,难以调动学生的参与积极性。

(四)考核形式单一,评价内容过窄

以理论考试为考核手段,过分强调终结性评价。过程性评价流于形式,忽视了对学生学习过程中的学习态度、学习方式、学习效果等与学习密切相关的非智力性因素的考察,不利于引导学生培养综合职业能力、创业能力,以及继续学习和终身发展能力。

二、语文学科课程改革宗旨

中等职业学校语文教学要遵循语文教育规律,突出职业教育特色。教学中要坚持以学生发展为本,探索富有实效的教学模式,改进教学方式、方法和手段,培养学生语文应用能力,提升学生的职业素养和人生素养,以满足学生人生成长的需求和未来职业发展的需求。

改革现有教学模式,破除传统教学中长期占统治地位的"教师中心论",积极探索适合本校、本专业学生需求的教学方法和教学策略:阅读教学立足文本,创新形式,激发学生的探究欲望;口语与综合实践活动教学联系学生专业实际,创设情境,激发学生的表达欲望;写作教学立足岗位需求,激发学生的书写欲望。

三、语文学科课程改革内容和要求

中职语文教材由基础模块、职业模块和拓展模块构成,各校可结合学生情况、专业特点对相关内容有针对性地进行调整,采取基础适当调整、职业结合专业、拓展自主研发的原则,构建科学、合理的学科体系。

基础模块,可在省编教材的基础上,对教材进行适当处理,删去陈旧的、学生不喜欢学的篇章,保留文字优美、内涵丰富、学生爱学的篇章,或对文本内容进行适当调整,删繁就简、适当取舍。多方利用现代语文教学方法,丰富教学形式,比如自主性教学法、合作性教学法、探究性教学法、情境性教学法等。

职业模块突出为专业服务,注重应用能力的培养。应增加与专业、企业的对接,根据学生今后职业岗位的需要以及学生专业实际大胆调整教学内容,增加听说训练、应用文写作的比重,适应学生技能的培养,适当开发专业模块教学案例。

拓展模块可结合专业需要,开发适合本校、本专业学生的校本课程,以满足学生专业发展的需要。倡导延伸语文课堂,充分利用学校、家庭和社区资源,根据校园生活、社会环境和专业特点设计活动项目,创造活动条件,满足学生能力发展的需求,拓宽学生的知识视野,促进学生职业能力和综合素养的全面提高。

语文课程改革的具体要求为:

(一)明确教学目标,培养学生的语文综合能力

语文教学目标既要体现素质教育的要求和学科的特点、有利于学生创新精神的培养,又要符合学生的实际及将来工作的需要:

着眼于双基,使学生能够写一手规范、清楚的汉字,说一口标准、流畅的普通话;

着眼于学生文化素养的培养,使学生能学会倾听、正确思考、明确表达,并言之有理、言之有序;

着眼于学生职业素质的培养,以适应专业、企业的岗位需要,培养其敬业爱岗,吃苦耐劳的品质。

(二)转变教学观念,创建开放、民主、包容的课堂

改变传统的以教师讲析为主的满堂灌式、封闭式的教学模式,创建开放、民

主、包容的课堂。

增强教学的主体性：教师要完成从学校本位、教师本位向以学生为本位的转变，关注学生的个体发展。在备课中，立足文本，出发点从教师的"教"转为学生的"学"，完善以完成学习任务促进学生发展为归宿的"学案"。在教学设计上，要从以备"教"为中心设计教案转变为以"学"为中心设计学生学习方案。在教学过程中，要从授受式教学转变为授受与学生自主探究相结合，注重师生、生生间的互动及交流合作。

增强教学的实践性：教师要尽可能为学生提供听、说、读、写的机会，增加相应的实践过程。加强教学与社会生活的联系。在教学内容的选择上，应有所删减、合理增补；在教学的场所上，应该扩展到更广阔的社会生活空间。教师要认真钻研教材，发掘富有生活气息的新素材来充实课堂教学，唤起学生主动学习的意识。

增强教学的指导性：阅读教学要注意创设与教学相关的情境，让学生通过具体情境去感受课文作者的思想感情，做到学习写人的文章要见人、学习写景的文章要见景、学习写物的文章要见物。同时通过组织各种学生人文类主题竞赛活动，延伸语文教学的课堂空间，创设浓厚的人文育情、艺术育美的氛围，让学生认识到学习的必要，掌握学习的方法，体会学习的乐趣。

口语教学要紧扣学生的听、说能力制订方案开展教学。结合"课前3分钟口语训练"活动，通过每节课的口语训练，锻炼学生的思维和表达能力；同时，完善学生口语交际训练课程体系，开发训练专题，力争使学生在有限的时间内得到系统的口语训练，从而具备较强的交际能力。

综合实践活动教学要充分利用现代信息手段，引导学生打破教室的限制，走进企业，走进城市，走向社会，了解企业文化、城市文化和社会发展成果，通过活动加深学生对企业行业的理解，促进学生走向社会融入城市，提高学生的自信心和服务社会的能力，丰富学生的人文情怀，激发学生热爱生活、服务社会的热情。

（三）创新教学手段，营造高效、实用、鲜活的语文课堂

变注入式教学为启发式教学。教师在教学中应充分发挥主导和宏观调控的作用，通过目的启发、直观启发、问题启发、对比启发、想象启发等方式，引导学生变被动学习为主动学习，为学生思维的发展和能力的培养穿针引线、铺路搭桥。

倡导运用多种教学方法。教师应在学情分析的基础上，依据教学目标，结合教学内容，灵活运用多种教学方法，如参与教学法、任务教学法、项目教学法、互动教学法、主题教学法、板块教学法、模块教学法等，大胆创新，激发学生学习兴

趣,提高教学效果。

充分利用现代信息手段。利用微信群、QQ 群等信息手段,预设课堂,跟踪检测,推送拓展内容。利用网络课程、视频、图片等网络资源;拓宽语文教学渠道,拓展语文教学空间。

(四)打破评价陈规,改革学业评价制度

改革考试内容。将知识测试与能力考查有机结合,以能力考查为核心,测试内容应涵盖知识记忆、理论分析、思想认识,对文章的整体把握和理解,对文学作品片断的赏析,对语言材料的概括能力、语言文字的表达能力等,注重考查学生运用所学知识解决问题的能力。

改革命题方式。将统一命题和分散命题结合起来,全面体现语文教学的素质观,强调对学生综合素质的测试。考核评价的内容不能只是检查学生对语文知识的记忆、理解和运用的熟练程度,还应该包括语文技能的掌握、语文实用能力的展现以及职业道德的取向等。

改革成绩评定办法。改变一考定论的制度,将过程性评价和终结性评价有机结合。过程性评价要形式多样,符合学生实际,可以采取口试、行为测试、情境模拟等开放式评价方法,采用课本剧表演、朗诵、辩论赛等形式,也可将学生参加全市性的人文主题活动获得成绩纳入对学生的考核,以激发学生的实践积极性。

"口语交际训练"课程建设

　　"口语交际训练"课程在建设过程中,加强了与企业行业的对接,与企业共同规划课程内容、开发教材、制定评价标准等,保证了课程内容的实用性、职业性和创新性。建立了行动导向教学模式,将企业的实际工作过程、工作任务和职业活动的实施场景引入到教学中来,学生在职业情境模拟训练、角色扮演过程中完成"学"与"做",实现"教学做评合一"。在教学中坚持以培养学生关键能力为核心,以提升学生职业能力和职业素养为目的,通过丰富多彩的实践训练,培养学生养成良好的语言习惯,全面提高学生的口语表达能力、交际沟通能力和创新精神,促进学生的可持续发展。

四　课程规划

现代社会竞争和合作更加激烈和频繁,人与人之间的交流和沟通是实现双赢的基础和前提。良好的口语交际能力已被看成是社会、企业选拔人才的一个重要条件。但是,职校生普遍存在不善交际,表达不够完善等问题,这直接影响到他们日后的就业和创业,影响到他们未来的生存和竞争。所以,中职生在就业之前,有计划、有步骤地接受系统的口语交际训练,提高口语交际能力十分重要。

(一)课程定位

按照"以职业岗位为课程目标,以职业标准为课程内容,以教学模块为课程结构,以最新技术为课程视野,以职业能力为课程核心,以'双师型'教师为课程主导"的要求,将"口语交际训练"建设成为一门能够提升学生职业能力,促进学生全面发展和可持续发展的青岛市级精品课程;同时,在建设过程中,加强理论教学和实践教学的紧密结合,体现"行动导向"的课程建构模式,以此来推动学校转变公共基础课程教学观念,深化课程体系、教学方法的改革。

建成后的"口语交际训练"在性质上属于一门公共基础课程,也是学前教育、文秘、旅游、营销等专业的一门重要的主干课程。课程主要讲述了口语交际对促进学生发展的重要性,讲述了不同任务形式表达交流的基本方法和技巧,以及各种相关的交际常识和原则。

本课程旨在提高学生对口语交际的认识,培养学生良好的人际沟通和社会交往能力,提高参与、合作意识,促进学生的可持续发展,实现综合素质的提高,为日后的就业、创业创造契机。

(二)课程建设目标

1. 课程目标

"口语交际训练"课程面向的主体是中职学校的学生。未来职业的发展需要他们具备一定的方法能力、社会能力、个人能力,帮助学生养成职业发展的关键能力,能够使他们在未来的职业生涯中从容地面对各种变化和挑战,实现可持续性的自我发展。

新的课程标准对课程目标的描述是从知识与技能、过程与方法、情感态度与价值观三个维度来展开。"口语交际训练"课程目标也是依据这三个维度来设计。

知识与技能:让学生了解什么是口语交际,口语交际包括哪些基本知识,应如何与他人进行交流沟通。

过程与方法:通过一系列模拟训练,让学生在亲身参与交际的过程中掌握交流技巧和学习本课程的方法,提高口语表达能力和沟通能力;发挥想象力个性化地设计交际情境,提高学生的组织能力、协调能力和创新能力。

情感态度与价值观:每一个任务的设定,需要团队协作来完成,需要学生求同存异,既要充分展现自我能力,又要学会尊重他人,在交流合作中建立一种和谐的人际关系。

2. 教学目标

教学目标是课程目标的细化和具体呈现,是指教学活动实施的方向和预期达成的结果,教学目标是一切教学活动的出发点和最终归宿。"口语交际训练"共22个教学任务,每个任务都有自己的教学目标即任务目标,分别从知识、能力、情感三个方面表述(表4-1)。如《推销》任务中,知识目标确定为了解推销的形式,掌握推销的相关知识与技巧;能力目标确定为培养学生观察分析、归纳探究的能力,大胆推销,灵活推销;情感目标确定为培养学生团结合作、敢于竞争和实事求是的职业素质。通过任务目标的设定,全面提高学生的交流沟通能力、社会适应能力、团队合作能力和开拓创新能力,从而切实有效地提高其职业能力和职业素养。

表 4-1 任务目标简介

模　块	单　元	任　务	任务目标	
		概　述	了解口语交际的特点和技巧,领会其在学习、工作中的意义	
发声技巧训练	单元一发音训练	发声技能训练	知识目标	掌握控制气息的方法并会运用吐字归音的技巧
			能力目标	培养观察问题、分析问题的能力和模仿能力
			情感目标	明白持之以恒才会有所收获
			教学重点	学会控制气息,能够准确发音
			教学难点	均匀吐气

续表

模　块	单　元	任　务	任务目标	
发声技巧训练	单元一 发音训练	声母的发音训练	知识目标	熟练地绷唇,为清楚地发准每个音打好基础
			能力目标	培养辨音能力和模仿能力
			情感目标	明白互帮互助,共同进步的道理
			教学重点	绷唇和舌头的灵活运用
			教学难点	z、c、s 的发音
		韵母的发音训练	知识目标	掌握三类韵母的发音特点,美化自己的声音
			能力目标	培养观察问题、分析问题的能力和模仿能力
			情感目标	让声音美起来,打动更多的人
			教学重点	韵母发音特点的掌握及运用
			教学难点	声音的美化
		声调和儿化音的发音训练	知识目标	掌握声调的准确读音和儿化音的发音方法
			能力目标	培养辨音能力,标准发音
			情感目标	学会表达细腻的情感并运用到对待父母、朋友身上
			教学重点	声调的实际读音和细腻情感的表达
			教学难点	调形的准确把握
		音变发音训练	知识目标	掌握上声的变调及语气助词"啊"的音变规律
			能力目标	培养观察力和总结习惯
			情感目标	明白理论应与实践辩证统一
			教学重点	上声的变调及语气助词"啊"的音变规律
			教学难点	对三个上声相连的理解

模　块	单　元	任　务		任务目标	
口语交际训练	单元二 讲解有方	介绍	介绍自我	知识目标	掌握自我介绍的要领，学会介绍自己
				能力目标	学会在不同场合中灵活介绍，展现自己风采
				情感目标	乐于交往，勇于表达，喜欢交际
				教学重点	突出重点，客观介绍自己
				教学难点	抓住特征，有详有略地进行介绍自我
			介绍他人	知识目标	根据实际需要，用不同方式灵活介绍他人
				能力目标	准确恰当地为双方进行介绍
				情感目标	礼貌待人，尊重他人
				教学重点	根据实际需要，用不同方式灵活介绍他人
				教学难点	礼貌、得体地为双方进行介绍
		讲解		知识目标	掌握讲解的基本要求，客观准确地讲解事物
				能力目标	掌握讲解的技巧，按照一定顺序有条不紊地讲解事物
				情感目标	培养客观、真实的职业素养
				教学重点	抓住特征，有详有略地介绍事物
				教学难点	按照一定顺序有条不紊地讲解事物
		推销		知识目标	了解推销的形式，掌握推销的相关知识与技巧
				能力目标	培养观察分析、归纳探究的能力，大胆推销，灵活推销
				情感目标	培养团结合作、敢于竞争和实事求是的职业素质
				教学重点	推销的相关知识与技巧
				教学难点	选择适当的销售方法和形式，灵活地进行推销

续表

模 块	单 元	任 务		任务目标
口语交际训练	单元二讲解有方	复述	知识目标	理解什么是复述，把握复述的基本要求
			能力目标	培养准确观察、理解、分析材料的能力
			情感目标	培养有礼貌地倾听、表述的能力
			教学重点	把握主要内容，分清主次，脉络清晰地进行复述
			教学难点	培养能创造性地进行复述的能力
		演讲	知识目标	理解什么是演讲，把握演讲的要求
			能力目标	能够语言流畅、主题明确、感情真挚地进行演讲
			情感目标	树立正确的人生观，培养自信的态度和勇气
			教学重点	自然流畅、感情真挚地表达自己的观点、看法和感情
			教学难点	正确看待社会和人生，有自己正确的见解和立场
	单元三谈论自如	交谈	知识目标	了解、掌握交谈的必需因素和基本技巧
			能力目标	能熟练地掌握、运用交谈的技巧与他人灵活交流
			情感目标	培养尊重他人，提高学生良好的交谈素质
			教学重点	掌握交谈的必需因素和基本技巧
			教学难点	能够根据不同的场合熟练地与他人交谈，加深友谊
		讨论	知识目标	理解什么是讨论，把握讨论的要求
			能力目标	找出讨论的焦点，有针对性地发表自己的意见
			情感目标	尊重别人，有礼貌地发表自己的意见
			教学重点	理解话题，认真倾听别人的发言，有针对性地发表看法
			教学难点	清楚明白，自然流畅地发表自己独特、新颖的观点和看法
		访谈	知识目标	掌握访谈的基本要求和访谈中应注意的问题
			能力目标	进行现场模拟访谈，培养访谈能力
			情感目标	培养遇事不慌、细心、诚信的良好品质
			教学重点	掌握访谈中应该注意的问题，灵活处理访谈中的问题
			教学难点	进行现场模拟访谈，培养访谈能力

续表

模 块	单 元	任 务		任务目标
口语交际训练	单元三谈论自如	辩论	知识目标	学习辩论的基本知识和技巧，学会机智巧妙地进行辩论
			能力目标	培养独立思考，多角度思考问题的方法
			情感目标	敢于发表自己见解的心理品质，尊重他人的发言
			教学重点	学习辩论的基本知识和技巧，学会机智巧妙地进行辩论
			教学难点	掌握独立思考，多角度思考问题的方法
		倾听	知识目标	了解倾听的特点和技巧
			能力目标	领略不同的语言风格，提高语言的渗透力
			情感目标	培养工作、生活中良好的倾听素质
			教学重点	了解倾听的特点和技巧，养成知性达理的生活素质
			教学难点	领略不同的语言风格，提高语言的渗透力
	单元四应对得体	即席发言	知识目标	克服发言时的紧张心理，学习即席发言的构思技巧
			能力目标	通过创设情境进行思维训练，提高即席发言的能力
			情感目标	培养良好的语言习惯，表现一定的文化素养和气质风度
			教学重点	通过创设情境进行思维训练，提高即席发言的能力
			教学难点	掌握即席发言的快速构思技巧
		接待	知识目标	掌握接待的基本礼仪，了解接待的种类
			能力目标	练习做好接待，增强接待的能力
			情感目标	学会待客之礼和为客之道，培养良好的职业道德素养
			教学重点	掌握接待的种类及基本礼仪，练习做好接待
			教学难点	练习做好接待，增强接待的能力
		答询	知识目标	学习掌握答询的基本要求，学会正确回答别人的询问
			能力目标	能够恰当回答别人的提问，增强答询能力
			情感目标	在答询中与他人增进交流，树立自信
			教学重点	学习掌握答询的基本要求，学会正确回答别人的询问
			教学难点	能够恰当回答别人的提问，增强答询能力

模　块	单　元	任　务		任务目标
口语交际训练	单元四应对得体	应聘与自荐	知识目标	掌握自我推荐的要领
			能力目标	抓住重点，有详有略地推荐自己
			情感目标	培养自信心和敬业乐业的意识
			教学重点	充满激情，掌握分寸，有重点地介绍、推荐自己
			教学难点	根据岗位特点大方自信地推荐自己
	单元五商议恰当	建议	知识目标	了解建议的概念，掌握建议的技巧
			能力目标	通过训练，能够灵活运用各种类型的建议
			情感目标	培养对社会的爱心和责任心
			教学重点	掌握提建议的技巧，能够灵活运用各种类型的建议
			教学难点	根据场合，得体地提出自己的建议
		劝告	知识目标	了解和感悟劝告语言的特点，掌握劝告的方法和技巧
			能力目标	培养运用得体的语言进行劝告的能力
			情感目标	学会动之以情、晓之以理地进行劝告
			教学重点	灵活运用劝告的方法与技巧，得体地进行劝告
			教学难点	掌握劝告的技巧和方法，能进行得体的劝告
		洽谈和协商	知识目标	掌握洽谈和协商的方法和技巧
			能力目标	熟练运用洽谈和协商的方法，与人沟通并解决问题
			情感目标	在与人交往中出现问题，要积极面对，主动协商解决
			教学重点	掌握洽谈和协商的具体要求，学会与人沟通并解决问题
			教学难点	灵活运用洽谈和协商的技巧解决现实问题

（三）课程实施方案

根据《教育部关于进一步深化中等职业教育教学改革的若干意见》和《青岛市教育局关于开展中等职业学校精品课程建设指导意见的通知》，特制订本实施方案。

1. 目标思路

"口语交际训练"是一门以提升学生职业能力,促进学生全面发展和可持续发展的公共基础课程。在建设过程中,借鉴专业课程改革的成功经验,加强理论教学和实践教学的紧密结合,体现行动导向,以此来引领公共基础课程的改革。

"口语交际训练"在建设过程中聚集校内外教师团队力量,通过筛选、优化各种口语交际资源,采用灵活多样的训练形式,对学生的口头表达能力进行全方位的训练。课程建设的人才培养目标就是为了全面提高学生的口语表达、交际沟通能力,完善就业素质,使学生会说善说,胜任未来职业岗位的要求。

任何课程的建设都需要一个不断发展和完善的过程。"口语交际训练"作为一门精品课程,其开发建设也需要经过一个逐步优化、改进的过程。"口语交际训练"在建设过程中,首先作为学前教育专业的一门主干课程在该专业使用。然后,通过两年左右的努力,全面完成精品课程建设、完善等工作,使之作为一门公共基础课程在建筑、服装、旅游等其他专业推广使用。

课程坚持以培养学生的关键能力为核心,以"教学做评一体化"为主要教学模式,采用任务引领、情境模拟、角色扮演、案例分析等行动导向教学方法,构建多元化的评价模式,多维度多渠道培养学生主动探索、自主学习的意识,提高其口语交际能力。

2. 内容选取

针对学生(特别是农村学生)方言较重的现象,增设了"口语发音训练模块",以此规范学生的发音,帮助学生掌握一些语速语调的处理方法,如说话时抑扬顿挫、轻重缓急的处理等,为清晰流畅地与他人交流做好准备;"口语交际训练模块"主要包括介绍、演讲、辩论等 17 个任务,其内容主要来源于职高《语文》教材中的"口语交际"模块,同时结合用人单位需要进行了丰富和扩充,这些任务兼顾了不同专业的学生,对学生今后的生活和工作大有裨益。

在课程内容的选取上,我们重视课程目标和课程体系改革,准确定位精品课程在人才培养过程中的地位和作用。课程内容要体现出现代职业教育理念和时代要求,要及时反映本课程领域最新的规范和要求,广泛吸收先进的教学经验,体现新时期对职业人才培养的新标准。

3. 实施措施

(1)组建教师团队。教师团队主要由校内教师和校外教师两部分组成。校内团队成员均是学校或平度市教学骨干,具有较高的教学科研水平和知名度,师资队伍整体水平高,教学效果好,职称结构、学历结构和年龄结构合理,具有课件制作和运用现代化技术教学的能力;校外教师主要为合作单位的业务骨干,具有丰富的工作经验,负责学生的实习指导工作,并兼任部分课程教学工作。

（2）制定课程框架。通过问卷调查和座谈等形式,了解社会对人才的需求以及影响学生口语表达的各种因素。根据调查结果全面评估分析,确定课程建设的总体目标,制定出大致的课程结构和教学模式。

（3）开展教材建设。教材建设经历两个阶段。

第一阶段:以职高《语文》教材为依托,将其中的"口语交际模块"进行适当改编,在原有素材的基础上增加了三个训练任务,每个任务都融入了礼仪常识等内容。用一年时间建成由文字教材、电子教材、试题库、系列参考书等构成的教材体系。"口语交际训练"最初主要作为学前教育专业的一门主干课程推广使用。

第二阶段:经过一年的试用,及时总结使用过程中以及教材本身存在的不足。针对学生受方言影响在交流方面存在的障碍,充分论证有无增加发音训练的必要性。广泛参考《口语交际》和《沟通》等书目,对教材进行重新修订,最终编写出具有鲜明特色的精品课程。再用近一年的时间对教案、课件、试题库等教学资源进行丰富、完善,使"口语交际训练"作为一门公共基础课程,在其他专业推广使用。

（4）构建教学模式。根据课程特点,充分利用现代教育技术手段开展教学,重视和强化学生的动手参与能力。课程教学采用"教、学、做、评合一"的行动导向模式,将理论教学与实践教学融为一体;在教学方法上,采用以"任务引领"为主,情境模拟、角色扮演、案例分析等教学方法相结合的思路,课堂教学以"活动教学"为主,坚持运用"讲—析—研—练—评"五步教学流程和"研—演—延—验"四Y学习模式。多维度多渠道培养学生主动探索、自主学习的意识,提高学生的口语交际能力。

（5）健全评价体系。课程团队经过不断地探索与实践,逐步建立了科学的评价体系,主要采取质性评价与量性评价相结合、过程性评价与终结性评价相结合的评价方法,并将激励性评价贯穿于教学始终。为每个学生建立了成长档案,清楚地了解他们在每个单元、每个学期、整个课程进行过程中以及实习期间的表现情况,全面考评学生的表达能力、组织能力、合作能力等。

（6）共享教学资源。通过校园网络平台实现网上资源共享,用户可以根据需要,进行页面链接,实现课程搜索、教材浏览、课件下载等操作,还可以通过这个平台相互交流学习心得,进行师生间互动。

4.步骤与进度

(注:各个环节可以交叉进行)

(1)组建教师团队。

时间:两个周

表4-2　课程建设时间表(一)

名　称	时　间	选拔形式	备　注
校内教师	两周	自愿报名,优中选优	两组人员选拔同时进行。
校外教师	两周	企业行业推荐	

(2)制定课程框架。

时间:六个周

表4-3　课程建设时间表(二)

时　间	内　容
第一、二周	深入在校生、毕业生、教师、用人单位等集中调研
第三周	全面评估、分析调查结果
第四、五周	制定出基本的课程结构
第六周	确定教学模式

(3)开展教材建设。

时间:两年

表4-4　课程建设时间表(三)

阶　段	课程名称	课程内容	使用范围	建设时间
第一阶段	口语交际训练	以职高《语文》教材中的"口语交际模块"为依托	学前教育专业的主干课程	一年
第二阶段	口语交际训练	口语发音训练和口语交际训练两个模块	建筑、服装、旅游等专业的公共基础课程	一年

(4)建立新的课程评价标准。

时间:一年

改革考试方法,通过情境模拟和角色扮演等方式,全面考评学生的表达能力、组织能力、合作能力等综合素质,逐步总结出更合理的课程评价标准,以利于各专业学生创新素质和就业素质的提高。

（5）运用网络实现优质教学资源共享。

时间：三个月

将教材、教案、课件、习题库、图片、录像等教学资源通过校园网络平台呈现出来。

5. 条件保证经费投入与实施管理

（1）每个精品课程建设项目除正常的教学投入外，学校给予专项经费支持。学校重新建设了实训课的专用教室，配备了开展课程所必需的相关设备，如照相机、摄像机、打印机、扫描仪等。

（2）实施课程建设主持人负责制。课程建设主持人根据课程规划全面负责课程建设和管理。中期检查时课程建设主持人应提交课程实施报告和阶段性成果，完成后应及时提交总结报告和最终研究成果。

（3）学校将在校园网上开辟"口语交际训练精品课程"网站，立项建设课程相关的教学文件，教学课件要上网运行，学校网络中心做好精品课程建设的技术支持，指定专人负责所有内容的上传和维护工作。

（四）课程指导纲要

1. 指导思想

在教学中坚持"以服务为宗旨，以就业为导向"的教学理念，依据维果斯基的"最近发展区"理论，坚持以培养学生的关键能力为核心，以促进学生发展为本，以提升学生的职业素质为目的，通过"教学做评一"的教学模式和丰富多彩的实践训练，培养学生养成良好的语言习惯，全面提高学生的口语表达能力、交际沟通能力和创新精神，促进学生的可持续发展。

2. 教学目标

（1）规范学生的口头语言，提高口语交际能力，培养良好的听话态度和语言习惯。

（2）充分利用教材中创设的交际情境，鼓励学生开动脑筋，培养创新精神。

（3）在双向互动的语言实践中，培养学生具备基本的就业素质，即观察、认识和适应现实社会的能力，全面拓宽就业渠道。

（4）通过开展礼仪教育，规范学生言行，提高学生人文修养。

（5）通过分组进行角色扮演训练，培养学生的创新能力和合作能力，促进学生的可持续发展。

3. 教学重点

（1）探索富有成效的教学模式,让学生在"教"中"学"、在"学"中"做"、在"做"中"悟"。

（2）重视实践训练,改进教学方式、方法和手段,培养学生语言交际能力。

（3）通过分组学习,讨论探究,增强学生的合作能力和团结精神。

4. 教学思路

"口语交际训练"作为一门精品课程,对提高学生的能力素质具有非常重要的意义。为了更好地实现教学任务,教师需要在教学过程中坚持严谨的治学态度和清醒的教学思路,逐步实现人才培养目标。

一是立足于教师的层面,将整个教学过程分为"鼓励说—训练说—强化说"三个阶段。

二是立足于学生的层面,帮助他们努力实现三个转变:

思想转变:"要我学—我要学—要学我"

行为转变:"攻克弱点—挑战难点—打造亮点"

能力转变:"敢说—能说—会说"

5. 教学措施

（1）教师在充分吃透大纲和教材内容的基础上,针对不同的教学内容选择适宜的教法,体现教材与教法的结合。如对学生进行应用能力训练时,选用案例分析法、角色承担训练法等。

（2）将校内课堂与校外课堂紧密结合,创造实践条件(如见习、实习和顶岗),实习充分利用校外资源,让学生在真实的职业情境中提升口语交际能力。

（3）突出学生在学习活动中的主体性,通过分组讨论、探究,提高学生的参与积极性,培养其合作精神和探究意识。

（4）根据教学任务设置情境模拟,让学生揣摩意境,承担其中的角色,组织语言进行扮演,增强创新能力。

（5）结合经典案例,对各个主题的知识点进行深刻分析,帮助学生了解人际交往的基本方法。广泛搜集"镜子案例",用丰富多彩的亲历活动来增强课堂的趣味性和针对性,丰富案例,充实教学过程。

（6）科学评价学生,主要采用激励式评价方式,用赏识的眼光发现学生的进步,鼓励其逐步提高。

6. 考核方式及成绩评定方法

本课程考核由期末考试成绩和单元成绩组成。期末考试由课程组命题。考试类型主要为情境模拟和角色扮演。按期末考试成绩 70%，平时成绩 30%（含平时考勤、课堂讨论与提问、作业、测验、资料查阅与文献阅读等）进行成绩评定。

7. 教学日历安排

根据课程特点和培养目标，22 个教学任务需要在四个学期内完成，本课程的总课时计划为 50 课时。

以本课程的一个教学周期（2012. 9—2014. 7）为例，参照学校总教学计划，兼顾学生实习实训，合理进行课程安排。

表 4-5　教学日历

学　期	时间安排	授课内容		学　时	实训地点	主讲教师
第一学期	2012. 9	概述		1	本班教室	刘国锋
	2012. 10	发声技能训练		1	语音教室	孙金玲
	2012. 10	声母的发音训练		2	语音教室	孙金玲
	2012. 11	韵母的发音训练		2	语音教室	孙金玲
	2012. 11	声调和儿化音发音训练		2	语音教室	孙金玲
	2012. 12	音变发音训练		2	语音教室	孙金玲
	2012. 9	介绍	自我介绍	2	培训教室（1）	刘国锋
	2012. 12		介绍他人	2	培训教室（1）	刘国锋
第二学期	2013. 3	讲解		3	口语模拟教室	刘国锋
	2013. 4	推销		2	大润发超市或维客超市	姜雪卫
	2013. 4	复述		2	本班教室	许云飞
	2013. 5	演讲		3	阶梯教室	许云飞
	2013. 6	交谈		2	培训教室（1）	于海燕
	2013. 6	讨论		2	培训教室（2）	许云飞

续表

学　期	时间安排	授课内容	学　时	实训地点	主讲教师
第三学期	2013.9	访谈	2	平度广播电台	吴敬珍
	2013.10	辩论	3	会议室	许云飞
	2013.11	倾听	2	口语模拟教室	于海燕
	2013.11	即席发言	2	口语模拟教室	于海燕
	2013.12	接待	2	会议室、接待室	吴敬珍
	2014.1	答询	2	口语模拟教室	吴敬珍
第四学期	2014.3	应聘与自荐	3	实习单位	于海燕
	2014.4	建议	2	口语模拟教室	刘国锋
	2014.4	劝告	2	口语模拟教室	姜雪卫
	2014.5	洽谈和协商	2	会议室	姜雪卫
授课课时共计 50 个					

五　课程内容

"一流的教学内容"是精品课程的一个重要特征。精品课程内容要始终保持先进性,要体现出现代职业教育理念和新时期对职业人才培养的新要求。重视精品课程内容和课程体系改革,准确定位精品课程在人才培养过程中的地位和作用,正确处理单门课程内容建设与系列课程改革的关系,是课程团队在建设精品课程过程中必须把握的工作要点。

在"口语交际训练"精品课程建设过程中,笔者始终把握"满足企业行业需要,促进学生职业能力发展"这一根本宗旨,首先加强了与企业行业的合作,主要采取"请进来""走出去"两种方式。一是聘请校外专家,把他们丰富的工作经验、处事方式以及对人才的需求信息等融入课程内容选取、安排中,请专家参与课程内容的规划、教材的编写、课程评价标准的制定等,保证了课程内容的实用性、职业性和创新性。二是团队老师走出校园,深入企业行业了解社会需求,同时结合学生现有的能力水平找到与企业行业的契合点,保证课程所选内容能为社会所需,能助推学生能力发展。其次,为使课程内容与学生的能力水平相适应,课程在建设之初,笔者还组织召开了由各专业代表参加的学生"听证会",广泛听取了学生的意见,体现了"以学生发展为本"的理念,真正做到为学生发展服务。

（一）课程建设原则

对课程内容的建设，主要遵循了以下四个原则。

一是兴趣性和职业性相结合的原则。

中职培养的是满足社会和经济发展需要的技术和技能型人才，课程内容的组织和编排都应以帮助学生实现新的职业能力为基本出发点。但由于职业学校学生学习能力普遍较差，学习兴趣不够浓厚，所以激发学生主动探究知识的兴趣也是本课程建设的一个重要内容，通过职业情境模拟、角色扮演等方式，能较好地实现课程内容的职业性与兴趣性。

二是静态完善与动态建设相结合的原则。

精品课程建设需要经历一个比较长的周期，从最初的调研、开发建设到最终各种教学资源的丰富，需要不断地学习、积累、完善、反思，在这个过程中形成的一些实用、先进的经验方法、知识内容必须传承下去，这些资源具有相对稳定性。但是，社会是不断发展的，学生的能力需求也在不断变化，课程建成之后不能停滞不前，需要及时更新、丰富，持续发展，以适应社会发展对人才培养的需要。

三是规范和创新相结合的原则。

口语交际作为《语文》教材的一个模块，在教学过程中常常被语文教师忽视甚至彻底摒弃，根本没有实现大纲规定的教学目标。这种教学态度的随意性，背离了教材建设的初衷。所以在确定建设"口语交际训练"精品课程的时候，我们团队决定改变态度，规范课程内容建设的每一个环节，从任务版块的设置到形式的编排都非常细致到位。为了拓展学生的能力，课程打破了原有的内容布局，借鉴专业课程的建设方法，以"任务"作为构建知识单元的方式，以"行动"为导向实现对学生能力的培养，为语文课程改革做了大胆的尝试，推动了学校公共基础课程改革。

四是"教、学、做、评"一体化原则。

按照市场、企业对人才的需求及职业岗位的能力要求，针对职业素养、人文素养确定课程实施办法，建立以行动为导向的教学模式。在职业情境模拟训练、角色扮演过程中完成"学"与"做"，教师的"教"只起到组织、引导作用，教师教的过程也是学生学的过程，学生在教中学、学中做，做中提高。任务实施之后要对学生完成任务情况进行考核，考核标准主要由校企双方共同制定，以彰显职业能力为主，将企业的实际工作过程、工作任务和职业活动的实施场景引入到教学中来，把理论知识的学习与企业的实际工作需求有机结合，实现"教、学、做、评"的有效对接，拓展学生思维发展的空间。

(二)内容选取

结合学生的实际水平和用人单位的实际需要,我们以"实用、够用"为原则,对中职《语文》教材中的"口语交际"部分进行了丰富和完善。

1.选取原则

(1)"针对性和实用性相统一"原则。由于课程内容直接关系到课程能否良性发展、人才培养目标能否顺利实现等问题,因此在选取内容时我们以客观事实为依据,针对用人单位的需要和学生的实际水平确定任务内容,通过设置生活化、职业化的情境来改善学生当前存在的不足,全面提升其能力素质,满足就业需要。

(2)"必需够用"原则。教材的深浅要与学生的能力水平相适应,保证教学内容能够实现人才培养目标。内容太深,学生听不懂容易产生厌学情绪;太浅,则不能有效提升学生的实训、实践能力。因此所选择的内容以"必需、够用"为准则,既符合学科知识要求,又与培养生产一线的高素质劳动者和专业技术人才的要求相一致。

(3)"科学性和发展性相统一"原则。教材的建设不仅要"利在当代",还要"功在千秋",所以在选择内容时我们不仅立足于学生的现在,还着眼于学生未来的发展。为了使教材更具科学性和前瞻性,让广大学生喜欢并受益,我们针对职业学校学生当前的口语交际能力现状和社会发展需要,以切实改善学生现状、提高就业能力为出发点,每个任务都设计了一些常见的职业情境,通过模拟表演,学生获得了处理问题的经验和方法,在未来的职业生涯中可以游刃有余地经营自己的职业,增强可持续发展的能力。

2.选取办法

"口语交际训练"课程是以中等职业教育规划教材《语文》课本为依托建立的。因为《语文》教材作为一门省编教材,融注了专家们的智慧和汗水,是他们集思广益层层论证的硕果,所以对其内容我们坚持继承与发展并重的原则,在原来基础上进行适当的增加和拓展,力求使内容更具有科学性、针对性和实用性。

(1)对教材中的训练任务进行了丰富和调整。中等职业教育规划教材《语文》一共汇编了十个口语训练任务,经过和团队教师深入探讨,笔者决定把其中的"倾听和交谈、接待和答询、采访和讲解、讨论和辩论"一分为二,分解成八个彼此独立的任务,又增设了"劝告、销售和建议"三个任务。这些任务兼顾了不同专业的学生,对他们今后的生活和工作深有帮助。同时,为了加深学生对"口语交际训练"课程的认识,掌握更多学好口语交际的方法,还编写了"口语交际概述"这一内容。

由于《口语交际训练》教材是以《语文》为蓝本建立的,因此在教材、教案编写方面基本遵循了《语文教学大纲》的相关要求,同时结合语文教材的内容和实际教学需要进行了适当的调整。如中职《语文》第三册第一单元的主题是"面对职业的思考",其中的三篇讲读课文体裁均为演讲,内容多为职业选择方面,而演讲这部分内容安排在原语文教材第二册第一单元中。笔者认为,把演讲这一内容调整到第三学期即第三册第一单元结束后讲解,这样处理有两大优势:一是通过单元学习,学生基本掌握演讲的思路,此时进行演讲口语训练,可以加深学生对演讲知识的理解;二是从内容上看,本单元的学习目标就是让学生树立正确的职业观,通过学习马克思等人对职业的认识,学生形成了初步的职业观,这时如果再让学生根据课文内容,结合自己专业进行有关专业理想的演讲训练,会引导学生对自己的未来做深入思考,趁热打铁,效果会更理想。所以在《口语交际训练》教材中,笔者对《演讲》这一任务内容做了调整。再如《应聘和自荐》这一任务,它是出现在《语文》第二册第五单元中,与单元主题联系不大。但是第四学期学生即将参加实习,让她们掌握一些应聘的技巧是非常必要的,因此也对这一任务向后做了调整。这样,修改后的教材内容更加契合《语文》教材的单元主题,学生的口语训练更加宽泛、系统。

(2)增加了口语发音训练内容。语言是口语交际的工具,但受地域的影响,学生的普通话不够规范,在发音方面存在很多误区,如"z、c、s"和"zh、chi、shi"不分,四声声调偏多,说话语气太重等现象,严重制约着学生的交际活动。

为了克服这一弊端,笔者充分听取了专家们的建议,在本册教材中针对本地区的方言特点,加强了对学生发音技巧的训练。整个训练过程共安排了五个训练任务,分别从发声的技能、嘴皮子、舌头、口型、调形、音变几个角度进行规范,希望学生通过反复模仿、练习,加上教师的纠正、指导,能够基本掌握汉语言的规范读音,让语言不再成为交际的障碍。

(3)增设礼仪教育内容。

课程共选取了17个口语交际训练任务,每一个任务中都渗透了礼仪教育。良好的口语交际总是与优雅得体的礼仪相辅相成。礼仪是人际交往的通行证,礼仪教育对培养文明有礼、道德高尚的高素质人才有着十分重要的意义。

最初在规划教材任务内容时并没有设计礼仪知识,最终增设了这一内容,源于同事的一次宴会经历。宴请的宾客中有同事的老师、领导、朋友等,待宾客落座后,作为主人同事自然要对来宾进行介绍,可令人尴尬的是他却不确定该先介绍谁。在他分享了这个故事后,笔者对周边的同事和任教的学生中做了一个小范围的调查,发现大部分学生甚至很多老师也都不知道这个常识。其实,在新老朋友聚会、接待来访者的时候,经常需要为他人作介绍,如果介绍有误,会让人觉得很没礼貌或者很不懂规矩,可能会给他们留下一个不好的印象,所以让学生清楚介绍他人的顺序非常有必要。

于是,上课时笔者给学生讲述了社交礼仪中介绍他人要遵循的"五先"惯例,即先把男子介绍给女子,先把职位低的人介绍给职位高的人,先把年轻人介绍给年长者,先把未婚女子介绍给已婚女子,先把宾客介绍给主人。学生听后情绪高涨,表现出了非常强的学习欲望,纷纷要求学习更多的礼仪知识。学生学习礼仪的主动性让笔者萌发了将礼仪知识融入教学任务的构想。

孔夫子曾说过:"不学礼,无以立。"也就是说,一个人要有所成就,就必须从学礼开始。根据学生的不足和实际需要,在教材中渗透礼仪教育,让学生学会礼貌地与他人交流沟通,这是提升学生人文素养的需要,也是德育教育的延续和深化,更是"口语交际训练"课程义不容辞的责任。

(三)内容结构

1.整体结构

《口语交际训练》教材内容由口语发音训练模块和口语交际训练模块两部分构成,共分为五个单元,每个单元都有一个相对独立的主题(图5-1)。单元一的主题是发音技巧,属于模块一"口语发音训练"部分,单元二讲解有方、单元三谈论自如、单元四应对得体、单元五商议融洽,属于模块二"口语交际训练"部分。这五个单元是按照由易到难循序渐进的方式设计的。因为生活中的每个人首先会发音然后才能与他人交流,我们都需要借助适当的发音方法来表情达意,讲一口流利、标准的普通话是口语交际的基础,所以第一单元安排了发音训练的内容。发音训练包含的内容非常广泛,但是由于课程是以训练口语交际为主发音训练为辅,所以模块一只安排了五个任务。

口语交际训练是课程建设的重点,在安排内容时,模块一和模块二的比重大致是1/3,即模块一仅占23%,包括5个任务;而模块二占77%,包括17个任务。

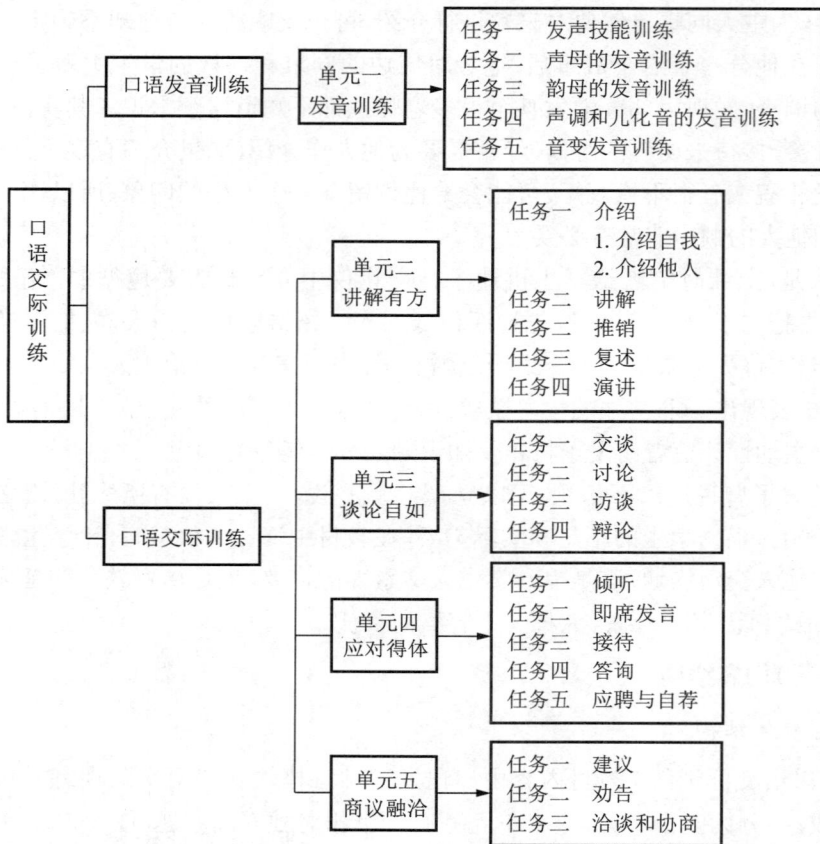

图 5-1 教材建设的内容框架结构示意图

教材的五个单元都有单元概述,可以让学生大致了解本单元学习目的、学习内容和学习意义。在第一单元的概述中,笔者是这样设计的:

语言是人类文明进步的标志,声音能引起心灵的共鸣。每个人都希望自己在与他人进行交际的过程中能够做到语言幽默、流畅,口齿清楚,声音动听,从而给对方留下深刻而美好的印象。也有很多人渴望能够站在舞台上主持、朗诵、演讲、辩论或进行其他的口语活动,并获得他人的认可。而要想做到这点,就必须让嘴皮子动起来,调动发音器官,进行发音的强化训练。

为此,本单元将从气息运用和吐字归音训练入手,引领学生正确的运用发音技巧,通过反复讲解、示范、模仿、对比、练习和绕口令的训练,明确每一个字的发音部位、口型变化,了解一些特殊的音变规律和它们的表达作用,让每个人的嘴皮子和舌头都快速、灵活地动起来,能够准确、流畅地进行口语表达,真正做到

"言为心声",为后面的语言交际活动打好基础。

单元知识目标：

（1）通过反复的模仿、练习,掌握发声的基本技巧。

（2）能够熟练地绷唇、灵活地运用舌头,准确、利落地说好字头。

（3）掌握韵母的发音特点并运用其美化声音。

第一单元概述首先讲述了口齿清楚、声音动听、具有良好发音能力的意义,接着分析了本单元两个学习切入点:气息运用和吐字归音训练,阐述了发音训练的方法如讲解、示范、模仿、对比、练习以及绕口令训练等,然后点明进行发音训练的目的是"为后面的语言交际活动打好基础"。最后出示单元知识目标,让学生对本单元学习目的一目了然。

模块二中四个单元的训练主题分别是"讲解有方""谈论自如""应对得体""商议融洽",它们的组织安排遵循了由易到难的原则。进行"讲解"的对象多是个体,讲述的内容可以提前准备,讲者与听者互动较少,相对比较简单、从容一些,容易掌控;"谈论"的双方在语言交流上有来有往,互动较多,虽然谈论的内容和方式具有较大的随意性,但是不能随心所欲想说什么就说什么,必须考虑对方感受;"应对"需要对别人的意见或问题进行策略性的回应,必须讲究说话的语气和语调,既要阐明自己观点,又要兼顾别人感受;"协商"是处理人与人之间关系的润滑剂,它往往是以第三方身份参与解决当事双方的矛盾或焦点问题,为了使双方意见达成一致,主持协商的人员必须找到最佳的解决问题的途径,必须不断地游说,劝说一方放弃某些利益以达成谅解,难度相对较大。这四个单元之间在学习难度上呈逐步加深趋势,整个教材的层次比较清楚。

2. 任务结构

任务的脉络结构是一致的,都是由情境再现、情境导读、融会贯通、范例赏析、情境模拟、课后实练、学习评价七个版块构成(附3)。

（1）情境再现:情境是依据具体任务设计,根据任务需要用故事、话题等表现手法创造生活事件。"情境"通常是学生在现实生活中或未来的职业生涯中所遇到的场景,与他们未来所从事的职业息息相关,带有浓厚的职业特点。学习心理学认为知识是不可能脱离活动情境而抽象地存在的,学习应该与情境化的社会实践活动结合起来。通过设置情境,让学生在情境中明确"任务",目的性、指向性更强,能更有效地学会使用一系列的方法完成情境中的工作,达到顺利完成"任务"的目的。同时通过有目的的学习促成学生将新知识运用于真实的日常情境中,实现学习向真实情境的迁移。

（2）情境导读：对所创设的情境进行解析，让学生意识到学习这一任务的重要性和紧迫性，激发他们学习求知的欲望。同时针对"任务"所要达成的知识目标、能力目标作简要解析，使学生清楚学习的目标和所要做的准备工作，使学习更有针对性。

（3）融会贯通：这是每个"任务"中最核心的版块，按照一定的逻辑顺序集中介绍"任务"中的知识点和技能练习要领，通俗易懂、条理清楚。在这一版块中，增添了许多有趣的小插图，图文并茂，可以让学生在轻松愉悦的心情下完成学习任务。其中，还设置了"知识衔接"，帮助学生拓宽知识面，开阔视野；设置了"温馨提示"，介绍一些基本的礼仪常识，让学生知礼懂礼，提高人文修养。

（4）范例赏析：所有范例都是经过精挑细选与任务相关且具有代表性的事例，通过分析、比较，研究各种各样的成功和失败的案例，鼓励学生独立思考，从中形成对"任务"的感性认识，加深对"任务"的理性思考，引导学生将知识内化为自己的能力，提高口语交际水平。案例赏析，指向性更强，让学生能更好地理解任务，学会在实际生活中运用所学技巧，尽快适应职场和社会。

（5）情境模拟：这部分内容实际是学习任务的拓展，通常会根据任务设置一到两个职业情境，由学生根据课堂学习知识对交际情境进行模拟训练。这些"情境"与职场和社会密切相关，开辟了一条从课堂走向现实社会的途径，是理论联系实际的桥梁，是对所学"任务"的一个检验。情境模拟能很好地培养学生的学习兴趣，从"要我学"变成"我要学"，调动学习的积极性。情境模拟还提高了学生的社会认知和实践能力。从模拟情境的构思、角色的选配、场景的设计到投入模拟情境演练，对在实际中如何运用所学知识研究、分析、处理问题起到很好的引导作用，真正实现了"从实践到理论，再由理论回归实践"的目的。

（6）课后实练：每个任务结束后通常会设置两个练习，第一个相对简单一些，适合于全体学生独立完成，第二个则会复杂一点，对学生能力的考察比较全面，一般需要团队合作才能顺利完成。设置的练习与实际生活联系紧密，有很强的可操作性，能起到锻炼能力、巩固学习效果的目的。

（7）学习评价：每一个任务结束后，都有一个由校企双方共同制定的学习评分表，从思想内容、语言表达、仪表风范、参与程度、综合印象五个方面进行评价，评价的主体包括学生自己、教师、学生代表和企业专家组成的评委，评价比较全面、公正、客观。评价也是一种学习反馈，学生可以通过评价表了解自己在完成任务过程中的表现，对自己的能力水平形成一个直观认识。

每个学习单元都设有单元概述，每个任务也都设有任务导读，学生在浏览完这个导读后,会对所学习的任务有一个整体的、概括的认识。任务的学习目标主要是从知识、能力、情感三个维度来提炼的,学生对学习目标一目了然,可以提高对任务的认知度和学习的效率。

任务中的七个知识版块是前后相关密切联系的,体现了三个特征。

一是情境设置对接职业职场。每个任务中,"情境"贯穿于任务的始终,并且每一个情境的设计和模拟,都是取材于学生生活中常见的现象或常做的事情,紧扣学生未来职业的发展,营造职业氛围,使学生在真实或相对真实的职业情境中学会交流、沟通,能够从容地面对职场中的各种难题。

二是重视人文教育。语文作为一门人文应用学科,是语言的工具训练和人文教育的综合,在培养学生健康人格上应承担重要责任。"交际"作为《语文》教学的一部分,也应该具备这一特征。人文精神在"口语交际训练"课程中有着广阔的空间,无论是知识衔接还是温馨提示,都是向学生展示人文情怀,都是基于拓宽学生视野丰富文化底蕴,提高修养陶冶情操而设计的。

三是突出互动功能。口语交际强调信息的往来交互,交际性是其最大特征。参与交际的人,不仅要认真倾听,还要适时接话,谈自己的意见和想法,在双向互动中实现信息的沟通和交流。在教学过程中,学生需要用语言或行动参与情境对话或者表演,需要对他人的观点进行应答应对,展现自己的风采。交流过程中的"问"和"答"通常是多方在语言上的协同或碰撞,"问"和"答"有来有往,而且常常是多问多答。口语交际课堂的双向互动,能够有效地训练学生的表达技巧,提高沟通能力。

附3　任务《介绍他人》

"介绍"是一种涉及范围广、实用性强的口头表达方式。它的作用是通过"口说"使人"心知"——对陌生的人、事、物、环境有所了解,获得有关知识。"介绍"有多重内容和不同的方式。从内容方面说,有介绍人物、介绍产品(物品)、介绍生活常识、介绍情况、介绍环境、介绍经验等。介绍的方式主要有说明、叙述、描述等。在这个任务中,包括介绍自我、介绍他人两个子任务,与学习生活和今后的职业关系较密切。

通过学习本任务,你将能够:

1. 根据实际需要,用不同方式灵活介绍他人。

2. 突出重点,准确恰当地为双方进行介绍。

3. 礼貌待人,尊重他人。

介绍他人

情境再现

国庆节期间,王晓雨的初中同学决定组织一次小范围的聚会,王晓雨应邀参加。好朋友李小茹因为路途太远没有回家,晓雨决定带她一起去。

"王晓雨,这位是谁呀?"一见王晓雨带来个陌生人,大家都好奇地问。

"这是我的好朋友,也是我的同桌,来,我帮你们介绍一下吧。"

说着,王晓雨站了起来,一一向大家介绍。

情境导读

介绍他人是指介绍者以第三者即居间人的身份(因此又称居间介绍)向被介绍的双方说明各自的基本情况及双方接触的目的,是双方相互认识和了解的一种必要的口头交际方式。由于被介绍的双方彼此不相识,所以介绍他人常常是双向的。

这种介绍多用于新老朋友聚会、接待来访者、会晤洽谈等一般社交与公务活动场合,起着沟通人际关系、融洽会见气氛的重要作用。

融会贯通

在公共活动中,介绍他人是十分常见的,如果某人没有被介绍给别人,或者介绍的语言表述不当,都会令人尴尬或不满,所以介绍他人也要掌握一些基本要领。

一、顺序适宜

在为他人作介绍时,先介绍谁、后介绍谁,是非常敏感的问题。根据商务礼仪规范,处理这一问题,必须遵守"尊者优先了解情况"的原则。在社交礼仪中,介绍的顺序基本上遵守"五先"的惯例:

1. 先把男子介绍给女子。

2. 先把职位低的人介绍给职位高的人。

3. 先把年轻人介绍给年长者。

4. 先把未婚女子介绍给已婚女子。

5. 先把宾客介绍给主人。

温馨提示

（1）如果有领导或贵宾被邀请参加重要会议，主持人应先介绍来宾，再按领导的职位高低依次介绍给与会者。

（2）如果是在座谈会或正式宴会上，或者是领导视察某部门，需认识该部门全体人员，常用的介绍方法是：按照座次，由近及远；按照身份，自高而低。

（3）集体对集体时，有三种方式：将主方介绍给客方；将人数少的一方介绍给人数多的一方；各方人数都多，就不必一一介绍，只扼要说明双方概况即可。

二、准确恰当

准确恰当地称呼被介绍者，不仅有利于双方彼此了解，也会使人产生愉悦满足的心理感受。不同国家、地区、民族的人名组合，姓与名的排列顺序也不尽相同，尤其是使人敏感的职位、职衔、职称，不可掉以轻心。一般来说，公务员、企业家重视职衔，学者、艺术家重视职称，老百姓重视辈分。

如："这位是著名艺术家×××女士！"

"这位是青岛著名作家、山东作家协会理事×××先生。"

三、语言谦恭

为表示对他人的尊重和礼貌，介绍时通常用祈使句或者敬语。

〔示例〕

"请允许我来介绍，这位是……"

"请允许我为您介绍……"，"很荣幸能介绍各位认识，这位是……这位是……"。

在某些场合介绍有名望、有成就或地位重要的人物时，还可恰当地运用赞美之词，如"这位就是大名鼎鼎的企业家×××总经理……"，"这位是音乐界泰斗×××先生"，"这位是全国重点职校校长，×××市（省）十佳教育工作者×××"，使介绍语具有浓郁的感情色彩，能产生积极的心理效应。

四、态势语得体

介绍人语言要亲切、自然、得体，态度要诚恳、郑重其事，平等对待所介绍的对象。在进行"居间介绍"时的规范态势是：介绍人要站立于被介绍者的一侧，先把身体上部略倾向被介绍者,伸出靠近被介绍者一侧的手臂,手心应朝上,四指并拢,拇指张开,指向被介绍的一方,并向另一方点头微笑。切忌不可用单指指人。

温馨提示

作为第三者介绍他人相识时先向双方打一声招呼,让被介绍的双方都有所准备,避免让被介绍者感到措手不及。

介绍时应注意称呼在社交场合的运用,"先生"是对成年男性的尊称,"夫人"是对已婚妇女的尊称,"女士"是对一般妇女的尊称,"小姐"是对未婚女子的尊称。

五、形式多样

在公务场合,介绍人应由公关礼仪人员、秘书担任;在社交场合,介绍人则应由与被介绍的双方都熟识的人担任。但无论何种场合,在为他人作介绍时,介绍者对介绍内容应字斟句酌,慎之又慎,要根据实际需要合理安排介绍的内容。

介绍他人主要有以下六种形式可供借鉴:

1. 标准式

适用于正式场合,内容以双方的姓名、单位、职务等为主。

〔示例〕

"孙主任,这位是青岛海尔集团的杨经理。"

"杨经理,这是我们琴海职业技术学院就业办的孙主任。"

2. 简介式

适用于一般社交场合,其内容往往只有双方姓名一项,甚至可以只提到双方姓氏为止。接下来,则要由被介绍者见机行事。

〔示例〕

"我来给大家介绍一下,这位是杨经理,这位是孙主任,希望大家合作愉快。"

3. 引见式

适用于普通的社交场合,介绍者所要做的是将被介绍者双方引导到一起,而不需要表达任何实质性的内容。

〔示例〕

"请允许我为两位引见一下,这位是青岛海尔集团的杨经理,这位是琴海职业技术学院就业办的孙主任,关于学生实习问题请两位自己协商吧。"

4.强调式

适用于各种交际场合,其内容除被介绍者的姓名外,往往还要强调一下其中某位被介绍者与介绍者之间的特殊关系,以便引起另一位被介绍者的重视。

〔示例〕

"两位好! 这位是青岛海尔集团的杨经理,我的大学同学,也是咱青岛人。这位是孙主任,在琴海职业技术学院负责学生的就业实习工作;今天杨经理专门为招工而来,还请孙主任多关照!"

5.推荐式

适用于比较正规的场合,多是介绍者有备而来,有意要将某人推荐给另一人,因此在内容方面,通常会对前者的优点加以重点介绍。

〔示例〕

"这位是我校优秀的毕业生姜慧慧同学,她对服装工艺很有研究,曾经在全国职业技能大赛中获得金牌,未来一定是一位出色的服装设计人才。杨经理,你们细谈吧!"

6.礼仪式

适用于正式场合,是一种最为正规的介绍他人的方式。其内容与标准式相似,但在语气、表达、称呼等方面都更为礼貌、谦虚。

〔示例〕

"很荣幸能介绍两位认识,孙主任,请允许我先介绍一下青岛海尔集团的杨经理。杨经理,这位是琴海职业技术学院就业办的孙主任。"

知识衔接

(1)被介绍的双方往往是先打招呼,后握手致意。握手前后顺序:长辈、上司、女士主动伸出手,晚辈、下属、男士再相迎握手。

宾主握手:客人到来时主人先伸手,客人走时客人先伸手。

(2)被介绍者的基本礼仪:当介绍者开始介绍时,被介绍者应起身站立,面带微笑,大大方方地目视介绍者或对方,神态专注,以示尊重和礼貌。待介绍人介绍完毕后,被介绍者应微笑点头示意或握手致意,问候对方。既不要拿腔拿调,瞧不起对方;也不要奴颜婢膝,阿谀奉承,讨好对方。问候时还要尽量避免对某个人特别是女性的过分赞扬。常见的问候语有"您好""很高兴认识您""久仰大名""幸会幸会"等。

范例赏析

背景:这几天气温骤降,王晓雨的妈妈来学校给她送衣服,在教学楼下恰好碰到班主任张老师,王晓雨如何为双方介绍的呢?

王晓雨:妈妈,这是我的班主任张老师。(侧身)张老师,您好,这是我妈妈。

妈妈:张老师,您好。(握手)

张老师:您好。

王晓雨:这两天气温比较低,我妈妈来给我送衣服。

张老师:哦,真是个细心的妈妈!(转向王晓雨)可是上周末我强调过天气降温要多带衣服的,为什么还要麻烦妈妈来送?

王晓雨:对不起,老师!因为表妹过生日,这个礼拜我去姨妈家了,所以没回家带衣服。

妈妈:我也没想到天会这么冷,所以也没让她姨妈给她捎两件。

张老师:(微笑)哦,这样的话——可以原谅!

王晓雨:(笑着说)老师,我一直都是个听话的学生。

妈妈:张老师,晓雨这孩子一向比较调皮,您一定要多费心!

张老师:王晓雨性格比较外向,但纪律观念较强,学习也非常努力,很不错。

王晓雨:谢谢老师夸奖!

妈妈:张老师,您忙我就不打扰了,再见!

张老师:再见!

王晓雨:我也要回去上课了,张老师再见!妈妈再见!

【简析】从王晓雨的角度看,张老师和妈妈都是长者,都需要尊敬。但两者相比,妈妈与自己比较亲密,近于"主"的关系;老师与自己相对远一点,近于"宾"的关系,这种情况下,就要体现"先把宾客介绍给主人"的原则进行介绍。切记"先称呼者为尊,介绍居后"。

情境模拟

情境一:你要休学,你与爸爸敲响了校长的房门。请作一番自我介绍,并为校长与爸爸作介绍。

情境二:肖静和飞飞是好朋友。放暑假了,肖静想到一家旅游公司打工,而这家公司的经理恰好是飞飞的爸爸,所以她想拜托飞飞先为她沟通一下。飞飞把肖静的意思向爸爸说明后,爸爸说道:"飞飞呀,你得先把肖静的情况向我介绍一下。"

课后实训

1. 一天,老同学李斌邀请张璐和他一起去电子商城购买电子元件,张璐向他推荐自己认识的一家店铺老板孙涛,这位老板跟他们同龄,为人朴实、厚道,张璐想介绍两个年轻人认识,他该怎样为双方进行介绍呢?(每人必做)

2. 海滨职业学校校长王××到环海建筑公司经理刘××处洽谈联合办学事宜,你作为中间人,该怎样为双方作介绍?(每组必做)

学习评价

表5-1 学习评价表

评价项目	评价标准		自 评	评委评	教师评
内容思想 (20分)	对自己或他人的评价恰如其分,符合实际	10分			
	内容充实具体,层次清晰,重点突出,详略得当,个性明显	10分			
语言表达 (30分)	脱稿介绍,吐字清晰,普通话标准	10分			
	语速适中,表达流畅、生动	10分			
	语气、语调、音量、节奏富于变化,有张有弛,饱含感情	10分			
仪表风范 (30分)	衣着整洁,仪态端庄大方,举止自然、得体	10分			
	精神饱满,能较好地运用姿态、动作、手势、表情	10分			
	体现朝气蓬勃的精神风貌	10分			
参与程度 (10分)	参与积极,表现投入,能深入情境或角色	10分			
综合印象 (10)	有较强的现场感染力,能引起评委和观众的共鸣,行为举止有礼有节	10分			
累计得分					

六　教学方法

课程团队一直坚持"适合学生的就是最好的"教学理念,依据维果斯基的"最近发展区"理论,采用行动导向教学法,坚持"教学做评一体化",努力营造一种旨在提高学生口语表达能力为核心的学习氛围和环境。

"口语交际训练"课程改变了传统的以理论为主的授课方式,坚持以发展学生关键能力为核心。从教学角度,采用了"五步教学流程",即"讲—析—研—练—评",在整个教学过程按照"讲解相关知识—案例分析—情境研讨—角色训练—综合评价"五个步骤来完成任务目标。从学习角度,主要采用了"四 Y 学习模式",即"研—演—延—验"。"研"即研究性的学习模式,"演"即角色扮演的训练模式,"延"即研讨会的拓展模式,"验"即检验效果的评价模式,四个步骤呈逐步推进关系。学生通过亲身参与研究、表演,验证所学,发挥出了学习的积极性和主动性。

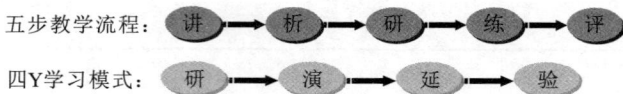

五步教学流程：　讲 → 析 → 研 → 练 → 评

四Y学习模式：　研 → 演 → 延 → 验

图 6-1　教学模式

行动导向教学法是教师把教学目标和教学内容转换为学生学习的工作任务以及与之相适应的学习情境,并指导学生在"以工作过程为导向"的学习中进行自我建构式的学习。它不是一种具体的教学方法,而是包括任务驱动法、项目教学法、案例分析法、大脑风暴法、角色扮演法、情境模拟法、引导文教学法、卡片张贴法、小组讨论法等在内的多种教学方法。在具体的教学中依需要而定可以单独使用一种方法,也可以综合使用多种方法。根据以往的教学经验和口语交际课程特点,笔者对所选择的教学方法进行优化组合和综合运用,主要采用了四种教学方法:任务驱动法、情境模拟法、角色扮演法、案例分析法。

在"口语交际训练"课程教学过程中,将行动导向教学方法融入其中,将专业能力、方法能力、社会能力、个人能力融为一体,实现了教学理念和教学方法的创新。

(一)任务驱动教学法

任务驱动教学法是专业课教学中常用的一种教学方法。因为"口语交际训练"课程的设计理念是以能力为核心,以"教学做评一体化"为主要教学模式,这与专业课有很多相似之处,所以在教学过程中,课程团队也尝试运用了这种方法指导教学,取得了显著的效果,"任务驱动教学法"便成了"口语交际训练"课程的主打教学方法。"任务驱动"教学法最根本的特点就是"以任务为主线、教师为主导、学生为主体",彻底改变了以往"教师讲,学生听",以教定学的被动教学模式,创造了以学定教、学生主动参与、自主协作、探索创新的新型学习模式。

"口语交际训练"课程一共设置了 22 个训练任务。学生根据课程中的任务要求,进行自主探索和互助学习,完成既定任务目标。"口语交际训练"的"任务驱动"主要包括以下几个环节。

1. 创设情境

古代两军作战,常常先擂战鼓,用喧天的鼓声来振作士气,提前把战士带入一种群情激昂的战斗状态。"口语交际训练"课程中的每个任务都与当前学生的能力发展需要密切相关,通过解决任务中的现实问题来提高学生的交流沟通能力。为了激发学生求知探索的热情,在解决任务时也需要先创设情境,使他们尽快融入到任务所设定的角色中去。

例如在讲解《介绍》时,团队教师布置了一个关于应聘学生会的自我介绍的作业。首先通过幻灯片播放了学生会各个机构的功能、活动情况、取得的成绩以及近几年学生参加应聘的一些图片,这些举措引导学习者带着真实的"任务"进入学习情境,使学习更加直观形象,从而有效地激发学生联想,唤起他们利用有关知识与经验去"同化"和"顺应"所学的新知识,发展能力,为顺利介绍自己创造条件。

2. 明确任务

爱迪生曾说过,"兴趣可以创造出人间奇迹"。所以,我们在设计任务时要以激发学生学习的兴趣为出发点,以满足学生的探究欲望为主观愿望,以完成教学任务为最终目标,这三者是相互制约的统一体,它们决定着能否顺利完成。

教材所展示的每一个"任务",都不是泛泛而谈、含糊不清的,都有它的可行性、实用性和可操作性,且任务有大有小,设置要充分考虑学生水平、所学专业等因素。有的任务可能只有一步,而有的任务可能要结合前面已经完成的任务进行,所以应避免流于形式,走传统授课的老路。

任务的设计本身不可能考虑得十全十美,况且口语训练的随意性很大,同样的一个任务,不同的人去解决,思路不同,认识问题的角度不同,表达能力不同,答案也就带有明显的不确定性。例如在讲授《介绍》时,我曾要求学生创设一个新生开学的场景分组进行介绍。对于这个任务,学生展现的形式不拘一格。有的组非常有创意地选取新生开学的一些画面,通过幻灯片播放出来,配以文字对校园进行介绍;有的组则利用黑板报把教室布置成为"欢迎新同学"这一场景,进行自我介绍;还有的组则采用导游解说,手机录像的方式,有条有理地向大家介绍校园的景象。

所以在布置任务的过程中,不可能也没有必要固化所有步骤,学生完全可以按照自己的思路来选择、设计解决任务的方法,中间过程允许学生出现问题,任务完成的最终结果也不是考核学生能力的唯一依据,主要是看整个过程中学生表达是否流畅、是否具备应变能力。

任务设计时要充分考虑学生可能遇到的困难,特别是一些需要合作的任务,如辩论等,在解决任务前应针对重点、难点进行必要的分析,通过点拨等方法给学生解决任务的方法和思路,给予适当引导。任务的解决使学生更主动、更广泛地激活原有知识和经验,来理解、分析并完成当前任务,这为新旧知识的衔接、拓展提供了理想的平台,而通过问题的解决来建构知识,正是探索性学习的主要特征。

3. 合作探究

"三个臭皮匠,赛过诸葛亮",任何一个任务若想完成得非常漂亮,都不是单枪匹马单打独斗的结果,它往往是一个团队智慧的结晶。对于每一节课的实践任务,教师并不直接告诉学生应当如何去解决,只是提供解决该问题的有关线索,如需要搜集哪一类资料、从何处获取有关的信息资料等,强调发展学生的"自主学习"能力。各个小组需要分头行动,进行讨论协商,集思广益,拿出方案。

教师只是对情境的设置提出大致要求,即尽量粗线条、粗轮廓,对于具体细节则让学生发挥想象,让其"八仙过海,各显其能"。这种"合作探究"的形式极大地促进了学生之间的讨论和交流,通过不同观点的交锋,补充、修正和深化每个学生对当前问题的解决方案。

在讲解《辩论》这个单元的时候,教师出示了任务——"职高学生有无必要学好文化课"这个辩题后,让学生根据辩题共同搜集资料。各个组都精心做了准备。他们根据各人的特长进行了分工,有的负责搜集理论论据,有的负责搜集事例论据。其中一个组准备得非常充分,为了让自己的事例更具说服力,他们还去学校的档案室查阅了优秀毕业生事迹,用身边的例子去反驳对方。

4. 效果评价

解决一个任务就像走完一段路程,路程有起点有终点,任务也同样。布置任务的时候,需要用鼓舞性的语言来激发学生的干劲;结束任务的时候,也同样需要激励性的评价来催化学生的热情。

对学习任务效果的评价主要包括两部分内容。一方面是对学生是否完成当前问题的解决方案的过程和结果的评价,即所学知识的意义建构的评价,而更重要的一方面是对学生自主学习及协作学习能力的评价。

任务的完成不等于学习的结束。对于学生来说,求知欲的强弱与教师的引导有很大的关系。学生的水平有很大的差距,因此任务的设计是有弹性的,那么完成的好坏也是有差距的,所以"不能让学生吃得太饱,也不能让其饿着",这就是教学过程结束前对任务的扩展和细化,即对完成得好的学生应提出扩展的意见,对有难度的学生应给出细化的要求。例如在讲到《介绍》这一单元时,完成既定的任务后,我又让学生互换任务:介绍人物的同学可以再练习一下介绍事物,对人物、事物都能准确介绍的同学可以尝试着练习一下事理方面的介绍。

在任务结束时进行这样的处理,可以兼顾到每个学生的层次水平,既做到了因材施教,又促进了他们的整体进步。

在任务驱动教学法中,教师应为学生理论学习和实践操作提供必要而充分的条件,引导学生学、练、研相结合,探索知识规律和奥秘,寻求获取知识、掌握科学规律的方法。学生在完成任务的过程中不断地获得成就感,可以进一步激发他们的求知欲望,逐步形成一个感知心智活动的良性循环,从而培养出独立探索、勇于开拓进取的自学能力。

实践证明,在"口语交际训练"课程中使用"任务驱动"法,有利于激发学生"说"的兴趣,培养了学生"敢说、能说、会说"的能力,提高了学生与他人主动交流、沟通和协作的能力,在教学过程中收到了事半功倍的效果。

(二)情境模拟法

新大纲在口语训练上提出这样的要求:"要在课内外创设多种多样的交际情境,让每个学生无拘无束地进行口语交际。"情境教学法是口语交际训练的一条重要途径。俗话说"情由境迁",良好的交际情境能促进交际的顺利进行。在每一个任务中,我们根据教学内容的需要,设置了一个或几个模拟情境,即让学生围绕每单元所要探究的中心问题来模拟表演某个场景,以此来引导学生共同探求对人、事、物的情感、态度、价值取向和问题解决策略,帮助学生形成处理问题的恰当方法与技巧。它的核心是激起学生情感上的共鸣和让学生融入虚拟的场景进行表演操作。

这种方法贯穿于整个课程教学过程之中,教师为学生巧妙创设各种交际情境,使学生饶有兴趣地主动地投入到说话训练中去,积极地观察、思考、想象,这样,他们的说话才会言之有物、言之有序,口语表达能力才会切实得到提高,从而能更好地适应社会。

此方法既可用于再现实际生活中遇到的各种社会现象,也可用于问题解决之后的反思拓展,即展示问题解决的主要过程。

1.创设交际情境,让学生动起来

口语交际是交际者在特定的环境里,为了特定的目的,运用语音手段,面对

面传递信息,交流思想,沟通情感的一种言语活动。这种言语活动,离开了特定的环境,双方的互动就无法进行。因此,我们在进行口语交际训练时,精心创设了符合学生生活实际和专业特点的口语交际情境,并构建开放互动的交际氛围,使学生在形象逼真的交际情境中,积极主动地参与口语交际的全过程,在轻松愉快的氛围中高效率地掌握口语交际知识及技能。

生活是情境创设的源泉。学生的生活是多姿多彩的,我们创设的情境也是多种多样的。有关于校园生活的,如手机、网络、时装等都是比较热门的话题,所以口语训练课就以这些话题创设交际情境。例如,刘莎喜欢穿奇装异服、化浓妆,作为好朋友的你如何劝说? 也有关于家庭生活的,如小丽的父母是下岗工人,家庭条件不好,看见其他同学有手机,小丽也想买,小丽该如何向父母开口? 还有关于社会生活的,如在电影院看电影时,周围的人大声喧哗,你会怎么进行劝阻? 近距离地接触生活,真实地再现生活,模拟生活,使学生在生活化的口语交际训练中学会交际、学会表达,这是我们创设口语交际情境的最初构想和追求。

在职业学校,学生的专业特点不同,需要掌握的技能也是不同的。为了让学生在未来的工作岗位上做得得心应手,我们设计了一些针对性很强的岗位情境。给旅游专业的学生设计的情境是:当你和游客初次见面时,你如何礼貌地和不同的游客打招呼? 旅途中有人抽烟,有人不满时,作为导游或空乘人员你怎样得体地处理这件事? 当旅途发生意外比如车子(或飞机)有了小故障时,你怎样镇定地安慰游客? 给幼师专业的学生设计的情境是:当小班的小朋友哭着闹着要回家时,作为老师,你怎样耐心地哄他? 当你钟爱的小朋友以大欺小、抓破了别的小朋友的脸时,你怎样公正又妥善地处理? 当小朋友做错了事,你让他道歉,他非但不道歉,还骂你、踢你时,你怎么办? 诸如此类的问题都是学生在以后的工作岗位上可能会遇到的状况。通过情境化的口语交际训练,我们可以让学生们早些了解自己的工作情况,为日后的工作做好准备。

总之,训练的形式可多种多样,只要所设情境贴近学生生活,学生总能迸发出极大热情,不由自主地动起来,使口语交际能力得到快速提升。

2. 加强训练指导,让学生懂得交际

我们强调发挥学生的主体作用,倡导把成长的舞台还给学生,并不意味着可以忽视或放弃教师的主导作用。教师的主导作用得不到充分的发挥,学生的主体地位也不可能得到充分保证。学生由于生活阅历浅,在口语交际实践中形成的经验只能是粗浅的、感性的、随机的,教师还应加强指导使之上升到理性的高度并能够指导今后的口语实践。

　　如口语交际中,教师要引导学生注意说话的对象、场合、情境。如询问小孩的年龄可问"你几岁了",若问老人则应说"您老高寿";在家里对亲人说话可直接些、随便些,对外人则要考虑说话方式和技巧,做到大方得体。另外教师在平时的口语训练中,还要指导学生提高自己的思辨能力,能够理解说话人所运用的修辞手法,如一语双关、正话反说、巧用谐音、旁敲侧击等,品味出话外之音、题外之意。

　　总之,情境模拟训练的主体是学生,但绝不可排除教师的主导地位。教师要站在一定的高度对学生加以引导,也就是说,学生动起来的同时,教师也不要"袖手旁观",要做"指挥员"和引导者。

　　情境教学倡导"情趣"和"意象",为学生创设和开拓广阔的想象空间,通过"感知—理解—深化"三个教学阶段以及"静态学习到动态学习"的飞跃,以情境教学所具有的广远性,促进学生更深刻地理解和掌握任务内容,激发学生的想象力,从而圆满地完成教学任务。

　　3.通过情境体验,将知识内化为能力

　　为了更好地完成学习任务,我们在教学中设置了相应的情境模拟训练。如讲述《演讲》的时候,组织了演讲比赛;讲述《辩论》的时候,组织了辩论赛,力图通过策划相关情境来提高学生完成任务的质量。这是一种有效提高学生口语能力的教育方法,可以通过让学生承担情境中的角色来组织、体验、表现相应内容,也可以通过深入体会单元内容,分析各个角色的表现力,用来增进一个人在某个角色的表现力—思维、感受、行为,还可以通过模拟情境、各抒己见等,使学生灵活掌握各单元内容,并自觉将知识内化为一种能力。

(三)角色扮演法

　　角色扮演是一种常用的语言教学方式,它为学生提供了一种任其自由探索的学习环境,并要求学生运用已经学过的知识,通过分析、综合等推理过程,发现前所未有的规律。所以,这类教学系统不像常见的多媒体教学系统那样是围绕"知识讲解"来设计,而是通过激发学生的求知欲来达到学习的目的,它的要点不是"教"而是"学"。从广义的角度上看,也是一种"动态"的案例教学。它不仅可以培养学生利用已有的各类知识去分析问题、解决问题,更有益于培养学生在各种复杂多变环境中的决策应变能力,从而实现教学由传授理论知识向各种能力培养、心理素质训练转变,适应现代化社会发展需要这一崭新层次的飞跃。这种方法在各个层次的教学中都获得了普遍的肯定。它让学生通过参与设计的仿真情境,亲身体验各种角色。角色扮演属于行为导向型教学方法。

在"口语交际训练"中,角色扮演是以能力培养为目标,以互动与创新、全真模拟为特征,是教师在课堂上设计一项任务引导学生参与教学活动,让学生扮演各种角色,进入角色情境,去处理多种问题和矛盾,达到加深对理论知识的理解并能灵活解决实际问题的目的。角色扮演法极大地调动了学生进行口语交际的兴趣和积极性,它不但使所学知识得到最大限度的实践应用,更由于模拟场景的形象性和真实性,让所有参与其中的学生在思想上和感情上得到深刻的体验,从而达到最佳的教学效果。

1. 实施步骤

角色扮演教学法的实施具体可以分为以下几个阶段:情境引入—角色分工—排练—表演—讨论和评价。

(1)情境引入。在完成某一口语交际话题的知识层面的学习后,教师为学生设置一个特定的情境,适当简要地介绍该情境、说明情节、解释角色,要求学生以角色扮演的形式反映该情境会话内容。

(2)角色分工。学生自由组合,人数可根据情境及角色需要灵活掌握,通常为 2 ~ 4 人,一般是同桌或坐在前后左右的学生分为一组的居多,便于小组成员之间进行角色讨论及对话编排;也有同宿舍的同学分为一组的,便于课后闲余时间进行排练。

(3)排练。充分利用课堂时间和课余时间进行角色演练。学生自拟台词,自行准备表演所需道具,并在排练过程中设计各种表情和肢体语言等。

(4)表演。学生自行携带道具进行表演。表演的场地可根据特定的场景要求移至户外,或利用学校内实训基地的模拟场景实训室。表演中,每个学生都充分挖掘自己的潜能,包括服饰、语言、道具等。

(5)讨论和评价。观看表演的同学根据场景内容,按自己假设的突发状况向台上同学进行提问,台上的同学则也要认真回答。同时,根据台下同学和老师的意见和建议,开展自评和互评,找优点,挖不足,让不同水平的同学都能得到相应的提高,强化他们的口语表达能力。

2. 作用

实践证明,角色扮演很受学生的欢迎,确实是一种行之有效的练习口语的方式,它在教学中具有以下几点作用。

(1)角色扮演可以锻炼学生的胆量,激励学生敢于在大众面前开口说话,克服心理障碍,增强自信心,提高交际能力。有很多学生都说在表演之前非常害怕、紧张,可是到了表演时也就忘记了自己,一旦进入角色,话也竟然说得比自己想象的要流利。有60%的人都说,多演几次,就有信心说得更好。学生只有对自己、对口语学习有积极的情感,才能保持口语学习的热情并取得成绩。

（2）角色扮演适用于语言能力不同、个性不同的学生,使他们各尽其才。语言能力强的,多演难度大的角色;性格内向的,多作解说而少做表演性动作等。学生之间互相学习、互相帮助,可体验集体荣誉感和成就感,发展合作精神。只有尊重学生的差异,并满足不同学生的不同学习需求,才能真正实现面向全体学生、为学生的终身发展奠定共同基础的目标。

（3）角色扮演可以把课堂口语教学与学生实际生活结合起来。通过表演、讨论,不仅能运用所学语言,而且还有助于学生共享生活经验,解决生活中的一些实际问题。

（4）角色扮演往往允许学生在表演时可以进行一定程度的夸张或虚拟,甚至有时可以有荒谬可笑的行为,这有利于培养学生的想象力。学生在这样有趣的活动中进行学习,提高了学习口语的兴趣。

总之,只要能很好地组织起来并持之以恒地继续下去,角色扮演会给学生带来无穷的乐趣,并在享受乐趣中熟练地掌握口语的实际运用能力。

3. 应注意的问题

（1）要做好充分地课前准备。教师要设置故事性强,适合表演的情境,挑选合适的扮演者,同时给予相应的指导,让学生充分了解自己的角色。必要时教师可做示范。

（2）考虑学生的能力水平。学生的认知能力、表达能力有限,有时表演不出预期的效果,教师应循序渐进给予学生一定的指导。当学生在表演时由于紧张而忘了台词等意外状况发生时,教师应及时协调现场气氛,或插话指导,或提示台词,或独白等,给予学生鼓励。

（3）注意可支配的教学时间。表演的时间受剧本的长短等原因的影响,教师应以学习为主、表演为辅进行教学,适当控制表演时间,注意把握现场情景,调控表演后的讨论学习过程,用有限的表演时间带动激烈的讨论,合理安课堂时间。

（4）注意课堂气氛的营造。努力营造轻松、自由的气氛,让扮演者安心表演,避免让他们因角色扮演而被人嘲笑。在回答问题的过程中,应注意学生的讨论,指引学生从多个不同的角度进行分析,鼓励学生发挥合理的想象。

（5）注意归纳总结。在角色扮演及班级讨论结束后,教师应在最后环节对表演及讨论结果进行归纳和总结。这样,可以鼓励角色扮演的学生,也可以梳理出讨论的主要观点。

（四）案例分析法

案例分析法是一种以案例为基础的教学法，这些案例都来自于现实生活的真实情境或事件，没有特定的解决之道。在案例教学中，教师扮演着设计者和激励者的角色，不会告诉学生应该怎么做，而是要学生自己思考、创造，鼓励学生积极参与讨论、发表见解。由于一个案例就是一个交际情境，既可以描述正确的做法，让学生仿效，也可以放一些问题让学生发现并讨论正确的口语交际方法、途径。这使得枯燥无味的内容与教学方式变得生动活泼，使课堂教学质量大大提高。

在教学中，运用案例分析法，主要包括三个过程：确定案例、讨论案例、评价案例。案例的选择要具有典型性、时效性、真实性。案例讨论的方式要灵活多样，充分发挥学生的主体作用，重在讨论过程，寓原理于讨论之中。对学生的案例评价一般有以下三种：学生自由发言点评，学生评委点评，教师总评。总评阶段是案例教学的最后阶段，教师通过学生的发言了解讨论的效果，归纳出一般性的理论观点，并将观点进一步深化、拓展。

案例教学法是"口语交际训练"教学中使用频率最高的一种教学方法。在"口语交际训练"中，主要采用了两种案例：一种是来自于生活中的经典实例，一种是来自学生身边的"镜子案例"。

1. 经典案例

为了使学生对某一理论知识有更直观深入的认识，我们经常会选取一些经典的案例作为教学的素材，这些案例由于其典范性与权威性而更容易让学生信服。学生在阅读这些典型的案例后，进行深入思考、分析、讨论，从而拓展他们认识问题的广度和深度，逐渐建立起一套带有自身特点的完整而严密的思考问题的方式，进而提高"做"和"说"的能力，提高自身综合素质。

例如在讲解《辩论》时，我们团队一致认为"国际大专辩论赛"很经典，尤其是 1999 和 2001 年的更为精彩，所以我们就把 1993 年台湾大学对复旦大学的辩论赛《人性本善》带到课堂上让学生观摩。通过观摩，学生不仅对辩论赛的常规、各个辩手的职责有了深刻的认识，并且被选手们精湛的口才所折服，大大激发了他们练习口才的积极性。

2. "镜子"案例

一个好的案例是一种把部分真实生活引入课堂，从而可使教师和学生对之进行分析和学习的工具。除了借助典型的案例外,学生还根据单元主题结合自身经历整理了一些案例,主要是亲身经历的一些尴尬的事情或自己所见所闻的一些窘况。因为这些案例像镜子一样可以折射自己的不足,为此我们把它们统称为"镜子案例",学生自编自演,我们选取典型的进行了拍录。这些案例来自学生自身,具有现身说教的特点,很受学生欢迎,学生参与讨论非常热情,起到了很好的教育效果。

在教学"演讲"任务时,正好不久前学校进行了一场题为"我爱我校"的演讲比赛,当时班里有一名学生参加了比赛,成绩不太理想,而团委也将这场比赛录了像。这样我们将这场比赛当作"案例"。在学习了演讲的一些基本理论知识后,我们引导学生回忆那场比赛的情景,又再次播放了录像,让他们对这些演讲进行欣赏、批评、评价、修改,直至完成一次完满的演讲。先让学生在正式上课前"阅读"这些案例,进行消化,联系所学到的有关演讲的理论知识,对一个个演讲者进行点评,包括优点和缺点、得分高低的原因、演讲内容与演讲风格的重要性以及如何改进等等,一一做好记录;正式上课时,将全班分组,5 人一组。小组成员逐个发表意见,全组讨论,形成一个统一的方案,然后各个小组派出自己的代表,发表本小组对于案例的分析和处理意见。在发表意见和听取意见的过程中,学生对于演讲的理解程度大大加深,演讲能力大大提高了。在集中讨论完成后,教师让各小组写一份同题的演讲稿,由代表上台演讲,小组展开竞赛。这一次的演讲,不论从演讲内容还是从演讲技巧来讲,都与学习前不可同日而语,水平提高之快令学生自己也很惊奇。

在学习《应聘》一节时,我们选择了案例教学法。有段时间某些电视台曾兴起举办招聘和应聘节目的热潮,招聘者大多是一些有实力、有名气的公司老总,应聘者大多也是学历高、素质高的"实力派"。我们从中选择了一段具有招聘与应聘特点的、比较典型的、对答比较精彩的视频资料作为"案例",在上课前几天就放给学生看,老师给他们列出一些思考题,让学生有针对性地开展准备工作。思考题如:招聘者要考察应聘者哪方面的能力?应聘者的回答哪一段最精彩?应聘成功的人赢在什么地方,失败的又失败在什么地方?如果让你回答,你会怎样回答得让招聘者满意?出示一些思考题,让学生各自先独立思考,初步形成关于案例中成功的和失败的原因分析和解决方案。

上课伊始,将全班每 5 个人一组划分若干小组,让小组内每个成员表达不同意见,小组形成热烈讨论的气氛。在这种表达和讨论中,学生对案例的理解也就更深刻。小组集中讨论的这一过程为学生发挥的过程,此时教师充当的是组织者和主持人的角色,而此时的发言讨论是用来深化学生对案例的理解程度,从而增强本身参加应聘的能力,增强求职能力,为学生的就业和未来事业的发展奠定基础。在小组和小组集中讨论完成后,教师让学生自己进行思考和总结应聘的一些技巧和经验,增强学生的自信心。

总之,案例法作为"口语交际训练"教学中使用频率最高的一种教学方法,确实发挥了很好的作用。它实现了教学相长的目的,使学生在教师的指导下积极参与到教学中来,深入案例,体验案例角色,学习目标生动具体,直观易学,大大调动了学生学习主动性,并且能够博众之长、集思广益,是值得推广应用的教学方法。

七　课程团队建设

哈佛前校长科南特说:"大学的荣誉,不在它的校舍和人数,而在于一代一代人的质量。一个学校要想站住脚,教师一定要有特色。"这句话很精辟地道出了教师在提高学校教学质量、教学特色等方面的重要作用。在精品课程建设方面,课程框架的架构、教学方法的实施、教材的开发等等都需要教师的积极参与,教师的能力水平直接决定着课程建设的质量。所以一门课程能否成为精品,关键在于它是否拥有一流的课程建设团队。

(一)全方位培养策略为课程建设储备人才

平度职业教育中心根据现有条件和各处室的职能分工,对师资队伍的建设与管理实施了全方位培养策略。学校通过完善机制,发挥各职能部门的优势特长,多渠道多元化地对教师进行培养。培养过程以考评推进,奖优惩庸,激发教师主动提高自身素质。

学校在实施这种培养模式时引进了企业元素。合作企业承担着对教师进行业务培训或技术指导的任务,定期委派兼职教师到学校指导教学工作。企业的融入,为学校师资队伍建设注入了新的活力,使教师的教学能力始终能与企业对接,与市场对接。这是在现代职业教育模式下进行的有效探索,对教师的发展和成长具有宏观指导作用。

为了加大人才培养力度,平度职业教育中心借助全国重点建设职教师资培训基地和山东省双元制培训基地这两个平台,通过基地专家培训、聘请国内外知名专家来校培训、外派教师到全国各地考察培训等三种路径,实施全方位教师培训策略,形成了"六韬三略"的培养模式。

　　"六韬"是指校内名师培训、企业行业专家培训、教师到企业挂职锻炼、国内专家培训、德国专家培训、教师赴德学习六种培训方式。凡是在学校内举办的各种培训,要求全体教师必须参加;国内培训,则分专业分学科选拔一些教学理念、教学思想比较先进的一线教师,如学科带头人和专业教学骨干去参加培训;德国专家培训,是学校师资培训的亮点,它能够拓宽教师的国际化视野,提高国际化人才的培养规格,提升学校的综合办学实力。

　　"三略"是指以老带新、以点带面、化整为零三种培养策略。新教师以"学徒"的身份进入企业实训,与学校里经验丰富的老教师和企业里技术高超的老师傅结成对子,快速促进专业成长;学校每年选拔一定数量的优秀教师接受国内先进教育理念的熏陶或到企业实习、挂职锻炼,这些外出参加培训的教师,每期都要选拔一名教师对校内教师进行二次培训,引领全校教师共同进步,以点带面,从整体上提升学校的教学质量;另外,针对学校一线教职工人数多统一培训难度大的现状,采取"化整为零"的方式,分专业、分学科进行培训,更有针对性,培训效果更理想。

　　全方位的人才培养策略和"六韬三略"的培训模式使教师可以聆听到国内外职业教育领域知名专家的先进理念,可以和来自全国各地的同行精英们在一起学习和交流,还可以参观学习国家级重点示范学校的办学经验,为解决教师的知识更新、提升教师素质、提高教学能力提供了有力保障。同时,也打造出了一批师德水平高、学术造诣深、好学善行、创新能力强的精品教师团队,为精品课程建设提供了强有力的智力支撑,也为"口语交际训练"精品课程选拔教师团队提供了较大的选择空间,为构建一流的教师团队提供了人才储备。

(二)精品课程师资选拔

　　平度职业教育中心建立了一套非常实用、完善的人才培养和培训机制,提高了教师主动学习的意识,很多教师脱颖而出,成为学校的教学骨干,在专业教学中发挥着举足轻重的作用。精品课程建设需要拥有一支教学理念先进、决策能力和执行能力强、教学经验丰富的优秀教师团队,作为"口语交际训练"课程建设的负责人,笔者依托学校的人才培养机制,以"贤智特能"为选拔标准,组建具有较高专业素质的课程建设团队(图7-1)。

　　"贤"是指道德素养高。要求团队成员有梦想信念,能够敬业乐业、为人师表,能够担负起教书育人的责任。

　　"智"是指有知识内涵。所选拔的团队成员必须具备丰富的教学经验,既要有精湛的专业知识,又要了解中国的传统文化,还要懂得一点教育学心理学知识。

　　"特"是指有一定教学特长。在教学方面有独到的见解,能灵活使用各种教学方法,并且能熟练运用多媒体教学。

　　"能"是指教学能力强。职业学校的老师必须是多面手,要有组织教学的能力、管理学生的能力,还要有开发课程的能力和创新能力。当然,作为"口语交际训练"课程的教师,良好的口语表达能力和交流沟通能力也是必不可少的。

　　在选拔建设团队时,笔者关注的不仅是成员的专业素质,还要统筹考虑年龄结构、专业结构、学历层次结构的比例,优化师资团队的配备。为了使课程内容与企业接轨,笔者鼓励团队教师定期到企业进行考察、调研、学习,了解企业相关岗位职责、操作规范、技能要求、用人标准、管理制度、企业文化等,从而保证课程内容能够与时俱进,满足社会对技能型人才的需要。

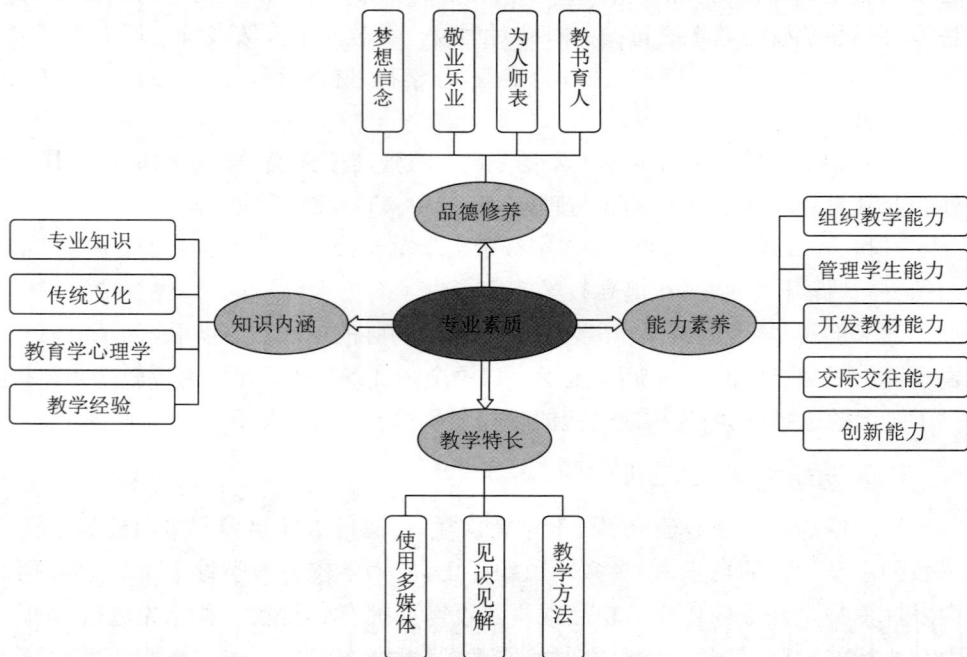

图 7-1　专业素质结构图

(三)"口语交际训练"课程团队

　　要实现一流的教学效果,必须要有一流的教师团队作保障,经过层层选拔、缜密论证,终于建立了一支业务精湛、团结奉献的"口语交际训练"课程建设团队。校内团队以教学能手为基本力量,校外团队主要是企业行业的专家、业务骨干以及优秀毕业生。

1. 校内团队

表 7-1 校内教师团队

姓 名	性 别	职 称	主要成绩
刘国锋	女	中学一级	青岛市教学能手、青岛市学科带头人
孙世伟	男	中学高级	平度市优秀教师、青岛市优秀专业人才
宋瑞昌	男	中学高级	青岛市优秀教师、平度教科研先进个人
孙金玲	女	中学一级	青岛市教学能手、平度市学科带头人
许云飞	女	中学一级	平度市骨干教师、青岛市基本功比武一等奖
于海燕	女	中学一级	青岛市优秀专业人才、平度市语文教学能手
姜雪卫	女	中学高级	平度市教学骨干、平度市语文教学能手
吴敬珍	女	中学一级	平度市骨干教师、平度市语文学科带头人
葛智初	男	中学二级	青岛市优秀专业人才、平度市教学能手
杨丽华	女	中学一级	青岛市优秀专业人才、平度市教学能手

（1）知识结构搭配合理。团队共 10 名教师，其中语文教师 6 名（其中 2 名教师兼任普通话教学工作），实践、实习专业指导教师 2 名，礼仪指导教师 1 名，计算机老师 1 名，不同学科的教师形成一种资源互补。而且这几名教师知识结构完备，教学理念先进，教学方法灵活，教学特色鲜明，教学成绩突出，均获得过平度市级以上荣誉称号。

（2）年龄、职称结构搭配合理。团队教师从整体上看有能力、有活力、有潜力。所有成员学历均达到本科水平，平均年龄 43 岁；其中，高级教师 3 名，一级教师 6 名，二级教师 1 名，职称结构、年龄结构搭配比较合理。这 10 名教师现都在教学一线承担教育教学工作，都具有课件制作和运用现代化技术教学的能力。

2. 校外团队

职业教育的课堂不应该仅仅设在学校，还应在社会、在企业。为了更好实现课程内容和社会需求的对接，满足学生就业需要，笔者根据课程特点，把社会师资引入到口语教学中来，校外团队共包括三个群体。

表 7-2　校外专家团队

姓　名	性　别	职　务	工作单位	担任职责	工作任务
丛　浩	女	优秀毕业生	青岛贝贝幼儿园	辅导员	鼓励学生"敢说"
张　建	男	优秀毕业生	平度德胜机械制造厂	辅导员	
王淑萍	女	园长	平度三龙城建幼儿园	指导教师	训练学生"能说"
宋智鑫	女	园长	平度幸福人家幼儿园	兼职教师	
王习军	男	销售部经理	平度大润发	指导教师	
王亚坤	女	业务经理	平度帝王购物中心	指导教师	
李　梅	女	电视台台长、支持人	平度广播电台	兼职教师	指导学生"会说"
杜俊霞	女	副主任	平度市语委办	兼职教师	

（1）优秀毕业生。榜样是模仿行为发生的关键，具有感染、激励、启迪功能。笔者聘请了两名优秀毕业生作为指导教师，请她们现身说教，发挥榜样效应，鼓励学生要多说多练。

任务：每人每学期至少参与 2 个任务的教学座谈，提高学生"敢说"的勇气。

（2）合作单位的领导或主管。笔者从合作单位聘请了一些口语表达较好的领导或主管作为校外指导教师，请他们定期到学校指导模拟实践课，或者安排学生到他们单位，深入实境练习口语交际能力。

任务：每个合作单位每学期提供至少 2 次见习机会，每学期参与课堂教学不少于 5 节，全面训练学生"能说"。

（3）专家。笔者聘请了平度市广播电台台长、主持人李梅担任"口语交际训练"的首席指导教师，聘请了平度市语委办副主任杜俊霞担任"口语发音训练"的首席指导教师；还聘请了平度幸福人家幼儿园的宋智鑫园长担任课程的兼职教师。三位兼职教师参与课堂教学，担任课程指导任务，以她们丰富的经验和阅历来启迪学生的创新思维，使他们快速成长起来。

任务：每人每学期至少参与两个任务的教学指导工作，每学期参与课堂教学不少于 10 节，指导学生"会说。"

总之，所聘请的校外教师团队都是具有深厚管理经验和实践能力的人才，他们根据自己在课程中担负的任务，指导学生练习口语，与校内教师团队共同构建了一个结构合理、能满足理论和实践教学需要的精品课程建设团队。

3.校内、校外团队结构

企业行业团队的比例结构：   企业行业兼职教师与校内教师的比例结构：

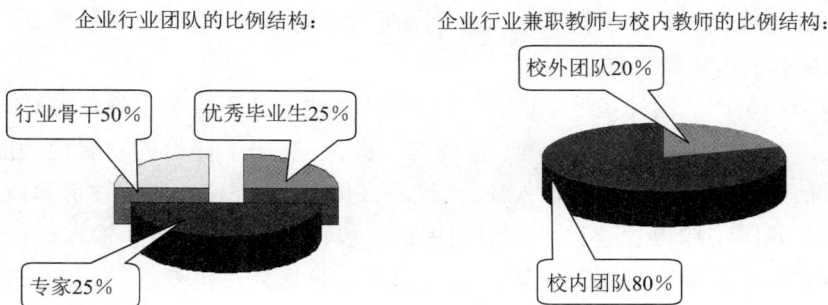

图 7-2　校内校外教师团队组成比例

校内教师团队与校外团队的比例是 4:1,这样的比例结构既体现了校内团队在课程建设中的骨干作用,又体现了校外团队参与的积极性,取得"三赢"的效果。

首先,学校受益,弥补了学校教师资源不足的问题,改善了教师团队的结构,带动了学校实训条件的改善。

其次,学生受益,获得了更多到企业观摩、实训的机会,获得了更多实践层面的知识、经验,能够将现在的"所学"与未来的"所用"有机结合,提高了自身职业能力和职业素养。

第三,社会受益,校企融合的教师结构保证了人才培养质量,培养的毕业生更加符合社会和企业的需求,真正实现"零距离上岗"。

校企双方共同参与课程建设,教师通过与社会师资的接触交流,可以及时更新知识储存,保证课程建设内容与企业行业贴近。在校企共同培育下,"口语交际训练"课程团队经过三年的磨砺,最终形成了经验丰富、作风优良、勇于创新的业务精英,成为学校精品课程师资队伍建设的样本。

八　课程评价

随着课程改革的深入发展,传统的课程评价模式已成为制约课程改革的"瓶颈",课程评价问题越来越受到中职教师的关注并成为教学研究的难点。为了在"口语交际训练"课程中建立起比较完善的评价体系,笔者对当前世界上的几种主要评价模式进行了研究学习。应该说,在德国、美国、澳大利亚、芬兰等职业教育比较发达的国家,都开发出了多种评价类型和模式,极大地丰富了课程评价的内涵。但是纵观这些国家的课程评价模式,笔者认为研究最为成功的当属美国,包括被誉为"美国课程评价之父"的泰勒的目标评价模式、斯克里的目的游离评价模式、CIPP 评价模式以及加利福尼亚大学提出的 CSE 评价模式,都是由美国的教育专家创建的。

中国和美国的国情虽然不同,但其评价模式也有值得借鉴之处。如 CIPP 评价模式,它认为评价的目的不在于证明而在改进,突出了评价的发展性功能,它主要包括四部分:背景评价、输入评价、过程评价、成果评价。过程评价和成果评价是目前我国中职课程建设中常用的评价手段,但是背景评价和输入评价在课程评价结构中很少有人提及。因为后者更多地强调为决策者提供帮助,帮助其选择有用的资源、解决问题的策略,发展一种适用的计划,注重的是描述性信息,把它们用在综合实践活动较强的"口语交际训练"课程中,显然有一定的局限性。所以在构建"口语交际训练"课程时,笔者只借鉴使用了 CIPP 评价模式中的过程评价和结果评价。同时,根据中职学生渴望得到认同的心理特点,将激励性评价融入整个过程,通过他人的肯定来激发学生的内驱力,从而产生积极向上的心理态势。

"口语交际训练"课程评价,以促进学生发展为本,重视评价的发展性功能和激励性功能,重视对学生学习潜能的评价,为"培养学生的就业素质"创造了有利的支撑环境。

(一)课程评价特点

1. 评价主体多元化

为了科学、公平地甄别学生的能力发展水平,课程团队在实施教学评价过程中,力求评价主体多元化,评价方式多样化。根据评价的对象不同,笔者将课程评价分为学生自评(占 20%)、教师评价(占 50%)、专家评价(30%)三部分。学生自评的目的是让他们对自己有一个比较直观的认识,培养主体意识,提高自我教育能力;教师的评价比较专业,能够给学生一些有价值的指导性意见,实现学生能力的提高;专家主要包括两部分,一是来自企业行业人事部门的管理者,二是优秀毕业生,他们共同组成评委对学生完成任务情况进行评价,比较实用、客观。

2. 评价标准多元化

每个任务都有一个评分标准,除了考评学生对知识点的掌握外,主要对学生的能力进行评定,评价的核心以促进学生能力发展为目的。评价的项目主要包括五部分(表 8-1):一是内容思想,考查学生是否能够根据要求将任务的知识点融会贯通,旨在考察学生的计划执行能力;二是语言表达,考查学生是否掌握表达技巧,是否能够活学活用,旨在考察其学习能力;三是仪表风范,旨在考察学生的谈吐修养;四是参与程度,考察学生是否具有很强的沟通愿望和良好的沟通方式,是否协助他人共同完成既定任务,旨在考查学生的沟通合作能力;五是综合评价,主要围绕学生的分析判断能力、创新能力进行评价。

每个项目都有不同的标准和要求,紧扣任务目标而定,重视学生在整个过程中的表现。

表8-1 任务《介绍》评分表

"口语交际训练"评分表						
任务名称	《介绍》	班级		学生姓名		
评分项目	评分标准			自评	评委评	教师评
内容思想 (20分)	对自己或他人的评价恰如其分,符合实际		10			
	内容充实具体,层次清晰,重点突出,详略得当,个性明显		10			
语言表达 (30分)	脱稿介绍,吐字清晰,普通话标准		10			
	语速适中,表达流畅、生动		10			
	语气、语调、音量、节奏富于变化,有张有弛,饱含感情		10			
仪表风范 (30分)	衣着整洁,仪态端庄大方,举止自然、得体		10			
	精神饱满,能较好地运用姿态、动作、手势、表情		10			
	体现朝气蓬勃的精神风貌		10			
参与程度 (10分)	参与积极,表现投入,能深入情景或角色		10			
综合印象 (10分)	有较强的现场感染力,能引起评委和观众的共鸣,行为举止有礼有节		10			
累计得分						

(二)课程评价的方法

在"口语交际训练"课程中,笔者力图给学生构建一个集科学性、综合性、发展性于一体的评价模式,使学生在成长过程中能够发现自己的优点,发挥自己的特长,全面提升职业能力与职业素养。

1. 质性评价与量化评价相结合

根据每个任务的学习内容及要求分别制定了不同的评价表,评价表主要采用数值的形式把学生对任务内容的领会、参与任务的表现等进行量化。量化评价的数值能够比较直观地显示课程实施效果,让学生清晰地了解自己的能力水平。每个任务结束后,团队老师都要对这些数值进行分析比较,找出学生表达的优势和不足,分析产生的原因,有的放矢地为学生制定整改措施。同时,这些数值也对课程的质性评价提供了科学依据,期末评价不唯分数为判断学生优差的标准,而是综合考量他们在完成任务过程中的整体表现,如是否团结协作,是否主动参与等等。

2. 过程性评价和终结性评价相结合

过程性评价的实施,主要体现在情境模拟和角色扮演部分,即由学生自己、教师及企业专家根据任务评分表的项目及标准,对学生的表现从各个角度分别进行评价。由于每个任务评价的项目及要求清楚明了,学生可以依据评价的结果,判断自己完成任务的优劣,及时调整学习策略和态度,逐步把握正确的学习方式,形成"实践练习—反思提高—灵活运用"的良性互动,从而真正提高学习的质量与效果。

在单元评价的基础上,以一学期为一阶段,进行终结性评价(表8-2)。通过期末考试,检验学生对知识目标的掌握程度,对学生在每学期的表现进行比对、汇总,找出进步与不足。终结性评价是检测学生综合运用语言能力发展程度的重要途径,也是反映教学效果的一个重要指标。

表8-2　学生综合评价表

学生综合评价																						
学生姓名					班　级					专　业												
单元名称	第一单元				第二单元					第三单元					第四单元					第五单元			
任务名称	任务1	任务2	任务3	任务4	任务5	任务6	任务7	任务8	任务9	任务10	任务11	任务12	任务13	任务14	任务15	任务16	任务17	任务18	任务19	任务20	任务21	任务22	
单元评价																							

学生综合评价					
学生姓名		班 级		专 业	
综合评价					

3.激励性评价贯穿学习过程

在口语交际的互动过程中,教师对学生的评价以赏识、激励为主,使学生在心理上获得自信和成功的体验。在交际实践中,教师要有一双明察秋毫的眼睛,精心发现和呵护学生细微的进步,特别是那些性格比较内向的学生,教师更要给予经常鼓励。当他们处于"心欲通而未达,口欲言而未能"的关卡时,应及时给予启发引导,鼓励他们"相信自己""相信你是最棒的"等,一定要使学生在感动和激励声中及时释放出潜在的交际热情,这种评价模式贯穿在整个教学过程中。

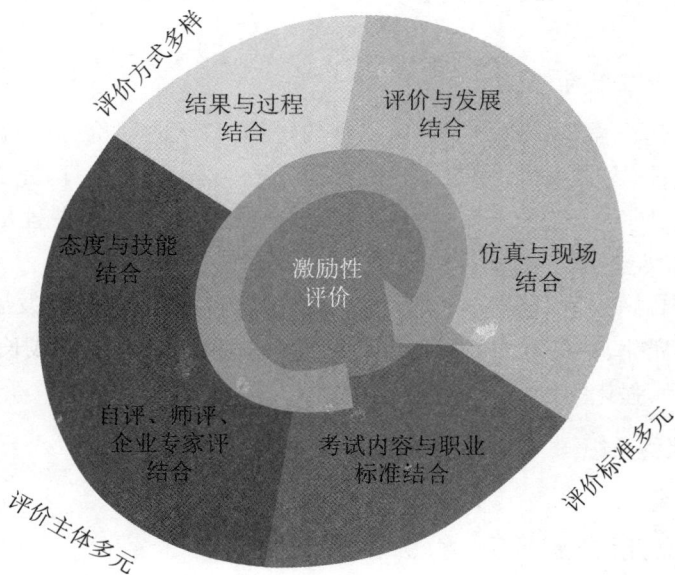

图 8-1　课程评价图

（三）课程评价原则

1. 有利于学生的发展

心理学家威廉·詹姆斯（William James）有句名言："人性最深刻的原则就是希望别人对自己加以赏识。"所有的评价都要以促进学生的发展为最终目的，评价是加油站，不但要关注学生今天的学业成绩，而且关注学生明天的发展前景。评价过程要关注个体差异，要把每个评价对象个体的过去与现在进行比较，或者把个体的有关侧面相互进行比较，要发现和发展学生多方面的潜能，及时发现学生存在的问题和不足，及时纠正。评价的功能主要在于及时地反映学生的学习情况，促使他们对学习过程进行积极地反思和总结，而不是最终给学生下一个结论。

2. 有利于教师的成长

在整个教学过程中，我们主张"以学论教"，即以学生的"学"评价教师的"教"。强调以学生在课堂学习中呈现的情绪状态、行为状态、思维状态、任务达成状态为参考指标，来评价教师对教材、课堂的驾驭能力。反之，评价的结果也可以促使教师对自己的教学行为进行分析与反思，促进教师不断地学习，提高教学能力。

3. 有利于课程的完善

课程的建设需要经历一个日臻完善的过程，科学的评价可以帮助我们及时发现目标建设、内容安排、授课方式等方面存在的不足，为修订、完善课程，改进教学方法提供了科学的依据。实施课程评价的过程也是剖析课程是否达到"精品标准"的检验过程。

总之，"口语交际训练"所倡导的评价机制是以学生的长远发展为本，实现评价指标多元化、评价方式多样化。通过赏识和激励，为学生的成长与发展起到了诊断、激励、强化的作用，体现出人文关怀。

（四）课程反馈

1. 校内师生反馈

（1）课程开设效果调研。

"口语交际训练"课程开设了一学期之后，团队教师对课程开设效果展开了一次全面调查，调查对象主要是教师和学生。

调查结果表明，教师和学生普遍认为课程的开设大大提升了学生的素质能力，对本课程的认可度比较高。实习指导教师普遍认为学生最大的变化是与实习单位同事的交流增多了,沟通也比以往容易了,学生的整体表现比较大方,行为举止比较得体,100%赞成将课程继续开展下去。学生95%以上认为自己比以前大有进步,对本课程非常满意。(表8-3)

表8-3　课程开设效果调查表

序　号	调查问题	任课教师(10名)			学生(50名)		
		A	B	C	A	B	C
1	你喜欢"口语交际训练"课吗	100%			92%	6%	2%
2	你对开设这门课程满意吗	100%			90%	6%	4%
3	学生上课发言比以往积极吗	100%			84%	12%	4%
4	通过学习,你认为学生的沟通能力有进步吗	100%			90%	8%	2%
5	学生的礼貌礼仪有明显提高吗	100%			92%	6%	2%
6	学生说普通话的自觉性如何	70%	20%	10%	70%	18%	12%
7	见到老师,学生会主动打招呼吗	80%	10%	10%	86%	8%	6%
8	学生参与课堂教学的积极性高吗	90%	10%		74%	18%	8%
9	你喜欢"教学做评合一"的教学方法吗	100%			100%		
10	学口语交际对改善学生之间的关系有作用吗	100%			92%	6%	2%

(2)课程内容调研。

学生对开设本课程的认可极大地增强了团队教师的信心,大家精益求精,又从更具体细致的层面对课程内容进行了调研,了解师生对教材、教法、考核方式等内容的满意度(表8-4、8-5)。

从调研结果来看,教师和学生都对课程内容比较满意,尤其是对"教材"和"教学内容结合生活实际"两项满意度都超过95%。但是对实习场所和实习条件的满意度稍微低一点。笔者对实习环境进行了反思,认为"口语交际训练"作为一门公共基础课程,在全校16个专业62个班级中同时开展实施,大规模组织学生外出实习实训是不现实的,所以学生对实习环境不满意情有可原。为了改善这一状况,团队成员研究后决定,向学校申请成立专门的实训教室,根据任务内容对教室进行布置,营造一种与任务相吻合的相对真实的职业情境。情境布置分为两部分,大致轮廓由各专业轮流设计、布置,具体情境譬如道具等由各班学生自行准备。学生布置情境的过程也是学习、提升的过程,极大地促进了他们学习本课程的积极性,收到了事半功倍的效果。

表 8-4　教师对课程内容满意度调查表

序　号	课程测评指标	测评统计结果		
		满意率	基本满意率	不满意率
1	对教材的满意度	98%	2%	0
2	对参考资料的满意度	93%	4%	3%
3	对教学内容的满意度	94%	5%	1%
4	对教师的满意度	93%	5%	2%
5	对考核方式的满意度	94%	4%	2%
6	对实习场地和实习条件的满意度	86%	10%	4%
7	对教学内容结合生活实际的满意度	96%	3%	1%
8	对多媒体课件的满意度	89%	8%	3%
9	对课堂教学方法的满意度	91%	7%	2%
10	对师生课内外交流情况的满意度	92%	7%	1%

表 8-5　学生对课程满意度调查表

序　号	课程测评指标	测评统计结果		
		满意率	基本满意率	不满意率
1	对教材的满意度	95%	3%	2%
2	对参考资料的满意度	91%	6%	3%
3	对教学内容的满意度	90%	7%	3%
4	对教师的满意度	93%	5%	2%
5	对考核方式的满意度	94%	4%	2%
6	对实习场地和实习条件的满意度	85%	8%	7%
7	对教学内容结合生活实际的满意度	96%	2%	2%
8	对多媒体课件的满意度	93%	5%	2%
9	对课堂教学方法的满意度	91%	6%	3%
10	对师生课内外交流情况的满意度	90%	7%	3%

调研结果让团队老师深感欣慰。事实上,自"口语交际训练"课程开设以来,学生的精神风貌和学习热情都比以前高了许多。

首先,课堂发言积极,增强了表现自我的意识。本课程以学生间的合作探究学习为主,开展讨论式教学,在发挥教师主导作用的同时,还充分发挥了学生的主体作用,积极引导学生去思考、探索、发现,鼓励学生敢于表现自我。起初学生参与活动非常拘谨,课堂举手发言的学生非常集中、固定,约占 15%。通过一年的学习,很多学生由原来的"不敢说""不愿说"变成了"喜欢说""善于说",逐渐养成了锻炼自我、展现自我的意识。现在每节课举手发言的人数明显增多,而且表现普遍比较大方、自然。

其次,实践活动质量提高,表达内容丰富。在情境模拟训练中,我们采用分组竞赛的方式,提高了学生的参与激情。为了使自己所在的小组取得优异成绩,她们常常是"八仙过海各显其能":积极查资料,构思活动情节,创新表演形式;讨论交流,集思广益,力求精益求精。在仿真模拟中,也敢于表达自己的观点,语言表述有内涵,观点独到,常常让老师和同学有耳目一新的感觉。

再次,科学全面的评价模式激发了学生向上的心理。"口语交际训练"所建立的评价模式以"激励"为主,老师把评价作为促进学生进步的"加油站",善于发现她们的细微进步,肯定她们的闪光点。这种评价机制能够积极引导学生突破自我,有效地激发了她们向善、向上的心理。

最后,礼仪常规的训练,促进了其文明行为的养成。在教材中,我们增设了"通情晓礼"这一知识板块,通过对礼仪知识的学习和训练,学生的礼貌意识增强,行为更加规范,待人接物彬彬有礼。无论在校内还是校外,学生见到老师都能主动问好,见到朋友同学也都能微笑着打招呼,人文修养大大提高。

经过一学年的探索实践,学生充分认识到了口语交际在现代社会发展中的重要性,思想上的重视推动了他们参与的积极性,实现了角色的转变,从知识的被动接收者转变为主动参与者和积极探索者,交际能力、表达能力得到明显提高,在参加各类比赛中获得了优异成绩。

2. 校外专家反馈

"口语交际训练"课程建成之后,团队教师对课程的开发、建设以及使用效果等,聆听了一些企业、行业、教育专家的建议,他们对开发本课程的意义、作用给予了高度好评。

(1)德国专家的评价。2012 年暑假,汉斯·赛德尔基金会在青岛开发区职业技术学院举行了一次培训,德国专家 Hollerbach 女士对开设这门课程给予了充分肯定,她认为口语交际能力是青少年必需的一项技能,学生若能好好学习这门课程肯定会受益匪浅,能让学生交到很多朋友,能在工作岗位上和领导、同事非常友好的相处;2013年9月在中国海洋大学进行的"中德职业教育专业教学法"培训中六位专家也强调交流和沟通的重要性,其中德国专家领队弗莱施乐先生就中国的青少年在口语表达方面的欠缺给出了中肯的意见,他认为中国的青少年很少会主动表达自己的观点,他非常支持而且也认为非常有必要在中国学生中开设这样的课程。中职生中开设这样一门课程,是很有意义、很有价值的。

(2)幼儿园园长的评价。幼儿园的很多技术骨干都来自平度职业教育中心。近两年的毕业生入园后适应岗位快,普通话水平高,讲故事绘声绘色,语言表达能力强,能够与家长很好的沟通,具有良好的行为习惯和语言表达能力,深得老教师和家长的喜爱。

(3)平度广播电台主持人的评价。"口语交际训练"课程的开设非常有必要,在采访行业里一些非常优秀的人员时,常会遇到这种现象,员工技术很棒,但让他谈心得时却一脸茫然,不知从何说起。通过对该课程的学习,学生口语表达能力明显有进步。老师们责任心强,素质高,有丰富的教学经验,教学方法和先进的教学手段,学生学习兴趣高,教学效果好。

(4)教育局语委办专家的评价。当今社会不仅需要技能型人才,更需要复合型人才。"口语交际训练"课程以人为本,关注学生职业素养的提高,体现了教育的责任感和使命感。课程内容丰富,教法灵活,特别是教材中所用的"镜子案例",取材于学生自己,非常真实,学生很感兴趣,起到了警示或启发的作用,很实用。将普通话的知识融入"口语交际训练"课程中,带来了学生口语表达能力的提高,教育成果令人欣慰。

九　课程建设的感悟与反思

"眼界决定境界,态度决定高度,思路决定出路,格局决定结局",把这句话作为对精品课程的写照最恰当不过。在"口语交际训练"课程的建设中,我们力求用全新的思维、全新的视角、全新的方式来践行现代职业教育观和人才培养观。

2010年,我们团队开始了"口语交际训练"精品课程的开发建设。经过两年的努力,这门以"彰显能力,张扬个性"为主线构建而成的课程被评为青岛市精品课程。2017年,本课程经过修改完善后,在"青岛市中小学、幼儿园精品校(园)本课程"评选中又被评为青岛市精品校本课程。建设结束后,作为课程负责人,当笔者以审视的眼光跳出课程看课程的时候,对精品课程的认识又有所升华。从整体上看,这门课程的建设和发展过程可以分成三个阶段:在探究中成长,在实践中完善,在反思中提升。

(一)在探究中成长

中等职业教育普遍存在重视"专业课"轻视"文化课"的现象,尤其近几年专业课进行了大刀阔斧的改革,无论是课程建设还是人才培养模式,都发展得比较快,收效显著,深受学生欢迎。相对于专业课程改革,公共基础课程改革的步伐比较缓慢,很多教师还在固守旧有的授课思路,对"行动导向""工作过程"等教学理念认识肤浅,公共基础课基本成了专业课的"配角"。

这种局面显然违背了现代职业教育的战略方针,对公共基础课程进行改革已是大势所趋,创建"口语交际训练"这门课程,其目的之一就是找到专业课和公共基础课的契合点,借鉴专业课的成功经验,探讨一条突破传统、重视岗位应用能力的公共基础课程改革模式,发掘课程的育人功能,提高教师的教学能力。

1.教学理念的探究推动了教师教学观的反思和重建

现代职业教育理念可谓"百花齐放""百家争鸣",如"以人为本""能力本位""回归生活",不一而足。为了使"口语交际训练"课程更富前瞻性和创新性,课程团队对支撑本课程的理念进行了深入研究。在探究过程中,我们真切地意识到自身教育观念的保守和落后,看到了自己的差距。以团队当时的水平创建精品课程显然困难重重,团队成员在"继续"与"放弃"中做出了勇敢而明智的选择:反思不足,从头学习,创新自己。我们决定通过"自主探究—论辩—整合"三步来突破传统,重新建构一种既能推动学生能力发展,又能与当前中等职业教育发展形势相吻合的课程建设理念。首先,团队教师根据口语交际特点和自己的经验积累进行自主探究,推荐一种自己认为最适宜的课程观;然后组织答辩,每个教师都要对所推荐的课程理念进行详细阐述,说出其特征以及自己推荐的理由;最后,集中团队教师的共同智慧,对所有观点进行梳理、整合,提炼出本课程的核心理念。按照这一思路,我们去粗取精,优中选优,最终确定了以培养学生关键能力为中心全面提升其职业素养的课程建设理念。

"敢于打破旧的,树立新的",是推动团队教师主动探索的动力,也是建设精品课程所必备的精神品质。对教学理念的探究推动了教师教学观的反思和重建,正是基于对一种新的教学理念的探讨,才使得我们能静下心来反思,敢于挑战传统,突破自己。

2. 多元评价体系的构建突出了能力发展

传统的语文课,评价学生的模式非常单一,评价的内容多停留在认知层面,其主要依据是期中和期末的考试、测验成绩,以分数论"英雄"。评价方式有较大的弊端和局限性。

如何进行有效的课程评价,历来是仁者见仁智者见智。我们在进行精品课程建设的过程中,逐步形成了以关键能力为核心的评价标准。我们结合学生的发展现状,以人为本,制订了《课程评价方案》,对评价的指导思想、评价原则、评价方法做了详细的阐释。《方案》关注学生能力的发展,重视评价的发展性功能和激励性功能,为"培养学生的就业素质"创造有利的环境支撑。

校企双方共同参与制定的课程评价坚持了三大原则:评价主体多元化、评价方式多样化、评价标准多元化。评价内容不仅关注学生对知识的理解,还重视团队合作能力、创新发展能力等综合能力的形成,尤其重视对表达能力、交际能力的提升。这种科学全面的评价方式为学生的全面发展起到了诊断、激励、强化的作用,促进了学生的成长与发展。

(二)在实践中完善

任何一种理念的成熟都需要经过一个积累、沉淀和转化的过程,需要在实践中逐步完善,教学方式的转变也不例外。

1. 在课堂教学中灵活运用行动导向教学法

现代职业教育重视构建基于工作过程系统化的课程体系,重视行动导向教学。但在传统的教学过程中,正如邓泽民教授所说的,很多老师在学生时期接受的就是"师讲生听"的授课模式,已经习惯了以"讲授"为主,为人师后他们不思改革,又继续沿袭了旧有的教学方式。

建设精品课程,必须敢于向传统挑战,重视运用现代教学方式,全面实现对学生能力的培养和提高。在"口语交际训练"课程中,笔者充分借鉴了专业课的一些成功做法,将"任务教学法""情境教学法""分角色扮演法"等先进的教学方法植入到教学过程中,将专业能力、方法能力、社会能力、个人能力融为一体,实现了教学理念和教学方法的创新。

"教、学、做、评"一体化的教学方式,颠覆了公共基础课程传统的授课方式,是"口语交际训练"课程的一大特色,对提高学生的学习质量大有裨益,深受学生欢迎。但对已经习惯了"以讲为主"的基础课教师而言,改变一种教学理念很难,需要付出极大的勇气和努力。最初授课的时候,团队教师都尝试着使用新的教学方法,可稍不留神就会回到原点。在讲授《应聘与自荐》这个任务的时候,按计划由一位老师出一节研讨课,团队成员都参与听课。课前笔者再三叮嘱她:"一定要把课堂还给学生,老师少说。"结果前 20 分钟,她控制得比较好,主要以学生活动为主,但到了后半程,她就"原形毕露",滔滔不绝,几乎霸占了整个课堂。在评课的时候,她自己很难受地说:"前半截我一直牢记咱头的话,'把课堂给学生,老师少说',可后来不知不觉就给忘了。"这个小插曲说明了老师们在转变观念的时候确实有难度。可无论改变教学方法有多难,我们都要努力。团队教师经常组织相互听课,把每一个任务都上成了研讨课,每个老师轮流上阵,集中点评,相互督促。这种方法收效很快,经过了半个学期的磨炼,老师们接受新知识新观点的能力迅速提升,整个教学风格焕然一新。在一次市级公开课选拔赛中,团队两名教师获奖,而两人均凭"授课形式多样,方法不拘一格"取胜。

2. 在争辩中形成系统的知识结构

精品课的内涵非常丰富,包罗万象,由于团队成员的知识结构、认知能力不尽相同,会在很多地方存在一些分歧,对这些分歧团队采取了"包容"的态度,对每一种"异见"都给予"说话"的权力。

团队在知识模块的选择和构建方面存在的分歧较大。最初在笔者的主导下每个任务确定了五个方面的知识内容:"情境导读""知识贯通""拓展延伸""课堂情境""课后模拟"。之后在展开讨论的时候,有老师提出一些质疑,如"知识点太少""缺乏对实用能力的训练""职业素质重视不够""这种结构太单一,对课程理念体现不够深刻"等。笔者据理力争,老师们各抒己见,毫不相让,大家争论得面红耳赤。在争辩中笔者慢慢地意识到原来设计的不足,最终"倒戈投降"。根据讨论,大家一起讨论修改,最终将结构确定为"情境再现""情境导读""融会贯通""范例赏析""情境模拟""课后演练""学习评价"七部分。刀不磨不快,理不争不明,实际上每一种"异见"都是团队成员深思熟虑的结果,因为有深思才能有疑问,有疑问才会有争辩,有争辩才会有进步。所以说:"思则进,辩则明。"老师们在交流争辩的过程中,互为借鉴,互为补充,思想体系逐步完善,认识逐渐统一。

课程中的许多亮点都是在争辩中产生的。所以在精品课建设的过程中,一定要给老师们提供一个交流争辩的机会,让老师们充分阐述自己的观点。知识往往在经历一个沉淀、消化和吸收的过程之后才会形成一个系统、紧凑的结构,从而最终使得教师知识结构和学生能力结构都发生质的跃升。

3. 在真实的或接近真实的职业情境中锻炼学生的能力

"口语交际训练"在性质上属于公共基础课的范畴,但从特征上看,它是一门实践能力很强的课程。课程建设完毕的第一年,我们在学前教育专业开设了这门课程,学生上课的主阵地依然是教室,虽然邀请了一些企业的兼职教师参与课堂指导,并且借助多媒体创设了与任务相关的职业情境,但是学生并不投入,行动学习效果一般,哪怕老师费尽心思,学生依然不愠不火,倾力打造的课堂根本不被认可,感觉开发课程时的所有努力都白费了,大家都很沮丧、迷茫。虽然心情低落,但是大家都不放弃,一起找原因。后来在企业专家的提醒下我们意识到,虽然课堂上教师用多媒体创设了职业情境,但是由于不够真实,学生根本不能融入其中,这跟纸上谈兵没什么区别。

弄清了症结所在,我们赶紧调整思路,将课堂搬到了企业:学习《推销》时,佳乐家、维客超市都成了我们的"练兵厂",售货员成了学生的指导老师。场景是真实的、货物是真实的,顾客也是真实的;学习《应聘与自荐》时,我们请幼儿园园长、公司老总、工厂老板亲自坐镇,模拟招聘;学习《接待》时,我们走进一些大酒店和培训机构⋯⋯这种校企共育的人才培养模式,实现了"三化",即能力培养的专业化、教学环境企业化、教学内容的职业化,使得学生既加深了对课堂内容的理解,又学到了一些实战经验,为他们顺利步入职场创造了条件。

企业化的实景训练方式让笔者意识到,只有将理论学习与情境模拟相结合、学生角色与职业角色相结合、学习内容与职业岗位的内容相结合,借助真实的职业情境,实行校企共育,才能更好地实现本课程的建设理念。

4. 锻造了一个团结奋进的课程建设团队

在中职学校开始建设精品课程时,高职院校已经广泛开展并取得比较成熟的经验,我们通过网络对大学里的相关课程进行了深入研究,希望将其成功的做法移植到中职的精品课程建设中来。但是随着课程的逐渐开放,大家发现由于课程所面对的群体不同,课程理念不同,大学里的一些先进做法并不适宜于中职学校。于是,团队老师一致决定:"开发出适合于中职学生发展的精品课程。"

但是走老路简单,开新路太难。开始,大家对精品课程的认识并不统一,对课程结构的安排各执一词,教材的编写风格也很不一样,诸多问题随着课程的推进逐渐暴露出来。团队的教师都是从学校精挑细选的优秀教师,都有多年的工作积淀,把他们的关系协调好,最大限度地发挥其特长,对建设和完善精品课程非常重要。

为此,笔者确定了"精干主导,协作共研"的合作方针。例如,在教材编写方面,让教学经验丰富、教学理念先进的教师谋划思路,文笔较好的负责教材的审定;擅长制作课件的负责对课件把关、修改;两位计算机老师负责网页的制作。我们针对每一位老师的专长进行了分工,保证每一项工作都是团队的精英所为。当然,每一项工作都不是独立的,需要大家共同研究共同开发,所以这种分工是建立在合作基础之上的。分工,使责任明确,提高了成员的积极性和主动性;协作,则集思广益,发挥了集体智慧的效能。

(三)在反思中提升

精品课程建设是提升学校教育教学质量的重要杠杆,它在整合教学资源、建设课程团队、促进学生能力发展等方面积累了丰富的经验和可供借鉴的样本。

"口语交际训练"精品课程建设是一项漫长、复杂、艰巨的工程,对课程进行深入细致的反思,形成经验性成果,并将其推而广之,既可以提升自身建设课程的能力,也能对其他课程的开发起到引领作用。

1. 组建优秀的团队能助推课程的后期开发

精品课程的资源库非常丰富,囊括了众多的教材、教案、课件、音频、视频等,在建设的时候耗费了大量的人力物力。由于社会发展迅速、知识更新较快,课程资源更换的频率也随之加快,如果任由资源"过时""老化",不能及时更新,那精品课程的示范引领作用就失去了应有的意义。团队成员在学校承担的工作任务都很重,工作量太大精力有限,但大家都努力克服困难,自觉分工承担相应任务,及时更换与课程有关的各类信息,保证课程资源常换常新,保障了课程的后续建设和维护。

2. 先进的教学理念引领了其他课程的开发

"口语交际训练"精品课程在理念、思路和方法上实现了改革和创新。它在课堂教学中采用了以行动为导向的教学方法,将任务驱动、行动引领等教学理念融入了课程建设中,提高了学习效果,带动了其他课程的开发与建设。继"口语交际训练"课程被评为青岛市精品课程之后,团队主要成员又开发了一门平度市级精品课程"艺术鉴赏"。

在这两门课程的带动下,机电技术应用专业开发了《机电语文》《机电英语》《机电数学》三门教材,服装专业开发了《服装语文》《应用文写作》等教材,"口语交际训练"课程在整个学校的公共基础课程建设中起到了风向标的作用。

3. 激励性评价帮助学生找到了自信

在最初的一些情境模拟练习中,学生常常瞻前顾后,对是否参与模拟或角色扮演犹豫不决,表现极不自信,这是中职学生普遍存在的一种心理特征。实际上,他们中的大部分人是因为学习成绩、能力等比别人差而自卑,但其内心深处却非常渴望被别人认可,被别人尊重。苏联教育家苏霍姆林斯基说过:"人的内心深处都有一种根深蒂固的需要,那就是渴望被人赏识,而学生在这方面的需要更要强烈。"在"口语交际训练"课堂教学中,笔者将激励性评价贯穿于教学始终。在学生完成任务的过程中,会表现出多个闪光点,教师一定要对学生的点滴进步及时予以肯定和鼓励,让学生获得自信。经过一段时间的赏识、激励,学生逐渐体验到了成功的愉悦,感受到了自身价值的存在,自然就有了学习的动力和热情,在跟别人交流沟通时就变得落落大方,胸有成竹。

精品课程作为现代教学理念的一种呈现形式,需要经过一个积累、沉淀和转化的过程才能逐渐成熟。而之后的反思更是提升课程建设质量必不可少的一环,它能够让精品课程的建设更加理性、更加完美,也能触发建设者深层次的思考,向更高的目标奋进。

2014年,凭借"口语交际训练"精品课程建设中的经历和经验,笔者积极参与了全国教育科学"十二五"规划教育部重点课题《精品课程建设促进职业教育优质教学路径研究》的研究,并承担了子课题《基于精品课程建设的教师队伍构建与职业教育优质教学研究》。在课题阶段研讨会上,本课题组围绕"精品课程内容设计和教学设计"做了典型发言。2016年,该课题顺利结题,得到总课题组的高度认可。

2016年,笔者对"口语交际训练"精品课程建设在幼师专业使用的一些经验做法进行了提炼,汇编成"幼师专业《口语交际训练》课程开发与应用研究"成果,该成果获得青岛市第四届教育科研优秀成果奖三等奖。在此基础上,我又对"口语交际训练"课程的建设过程进行了梳理、归纳,汇编成"精品课程建设研究"成果,该成果在本年度山东省教育科学优秀成果评选中获三等奖。

图9-1　课题证书

图 9-2 成果获奖证书

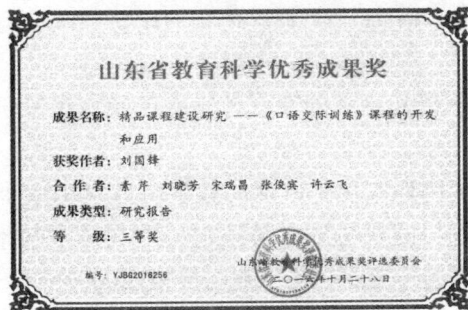

图 9-3 成果获奖证书

在"口语交际训练"精品课程建设的征途中,笔者带领团队孜孜以求,用团结、执着、勤奋开创了学校公共基础课程改革的路径,取得了一些成绩,变许多不可能为可能。但时至今日,当笔者用批判的眼光重新审视课程建设的过程时,发现其中也有一些不尽完美的地方。可是,在精品课程建设的路上,团队的每一个成员都只是一个行者,在未知和已知中跋涉,收获的不只是艰辛还有快乐。笔者相信,只要有勇气、有信念、有责任,未来的课程改革之路一定会越走越平坦。

参考文献

[1] 李传光. 职业学校语文教学应注重培养学生的口语交际能力 [J]. 职业教育研究,2007,3.

[2] 徐涵. 工作过程为导向的职业教育理论与实证研究 [M]. 上海:商务印书馆,2013.

[3] 姜大源. 职业教育情景与情境辩 [EB/OL]2009.3

[4] 孙海哨. 中职学校文化基础课教学现状与质量保障研究 [D]. 成都:四川师范大学,2015.

[5] 罗红. 中等职业学校文化基础课程教学的现状与对策研究 [D]. 长沙:湖南农业大学,2012

[6] 郭少梅. 如何提高中职文化基础课的教学质量 [OL]. 职业,2016.

[7] 徐国庆. 论职业院校的普通文化课程 [J]. 中国职业技术教育,2008(2).

[8] 王精华. 跟古代说客学说话 [N]. 黄冈日报,2009.6